화두와 좌선

선불교의 수행법

차례
C o n t e n t s

03머리말 06선의 발생과 선법의 형성 10간화선과 묵조선의 출
현 배경 17좌선 수행 – 묵조선 27묵조선의 수행 60화두 수행
– 간화선 76간화선의 수행 95주

머리말

화두는 공안이요, 공안은 간화이며, 간화는 깨침이다.
좌선은 묵조이고, 묵조는 수행이며, 수행은 깨침이다.

불교의 시작은 인간의 고뇌 의식에 대한 자각에서 비롯되었다. 이 점에서 고뇌는 불교를 이해하는 하나의 단서이기도 하다. 그러나 고뇌에 대한 자각은 인간만이 가능하다. 동물은 단순히 고통은 느끼더라도 그 고통의 본질이 무엇인지, 또한 그 해결은 무엇인지를 자각하지 못한다. 때문에 그 고통을 반복하면서도 그로부터 벗어나지 못한다. 그러나 인간은 다르다. 그 고통을 느끼면서 동시에 느끼는 고통의 본질에 대하여 그 원인을 이해하고 그로부터 벗어나려는 노력을 기울일 줄 안다. 이것이야말로 인간이 가장 종교적이고 나아가서 해탈을 기약할 수 있는 근거를 확보하고 있는 이유가 된다.

붓다는 인간이 겪어야 하는 고통에 대하여 그것을 해결하려고 분연히 일어섰다. 그것이 곧 출가라는 행위였다. 출가라는 행위 자체가 벌써 고뇌에 대한 깊은 자각을 내포하고 있다. 우선 고통을 자각하고 나면 그것이 무엇인지를 생각하게 된다. 무엇인지를 알려는 과정에서 그것이 어떻게 생겼고, 어디서 생겨났으며, 어떤 작용을 하는지에 대하여 알려고 한다. 그 알려고 하는 것이 바로 문제 해결의 시작이다. 문제를 해결하려고 하는 방식의 한가운데에 바로 선이 있다. 그래서 선은 붓다가 깨침의 방법으로 채택한 이후로 오늘에 이르기까지 불교의 가장 보편적인 수행 방법으로 전승되어 왔다.

그런 까닭에 인도불교에서는 선이 모든 불교에 공통되는 사상과 수행으로 전승되었다. 그러나 한자 문화권에 들어와서는 다양한 선법을 위주로 하여 형성된 종지 및 교단이 등장하였다. 그것이 곧 선종이다. 선종은 당나라 시대에 가장 번영을 구가하여 소위 임제종·위앙종·조동종·운문종·법안종 등이 출현하였다. 이 가운데 조동종 계통에서는 12세기 중반 송대에 굉지정각과 진헐청료 등에 의하여 묵조선 수행법이 창출되었고, 임제종 계통에서는 12세기 중반 송대에 대혜종고에 의하여 간화선 수행법이 확립되었다. 송대에 묵조선과 간화선이 거의 동시대에 출현한 까닭은 무엇인가? 당나라 시대에 최성기를 구가하던 선종은 더 이상 발전하지 못하고 후퇴 또는 현상 유지에 급급할 수밖에 없었다. 따라서 새로운 선 사상을 창출하거나 전개하지 못하게 되었다. 따라서 송 대에는 벌써 당나라 시대의 순수하고 발랄하던 선풍을 상실해 버리고 말았다. 이로써 당 대의 순수했던 선풍과 선 수행에 대한 반성과 그 유지를 위한 방책이 필요하였다. 그 대안으로 등장한 것이 묵조선과 간화선이라는 새로운 수행법의 창출이었다.

이로써 송 대에는 고인의 일화로 이루어진 화두 참구의 간화선과 오로지 좌선을 통하여 본래심本來心의 자각을 추구하는 묵조선이라는 방법을 출현시켰다. 이것은 일찍이 전승되어 왔던 관법 위주의 수행과는 크게 다른 방식이었다. 따라서 이와 같은 시대적인 배경을 바탕으로 거의 동시대에 형성된 두 가지 선 수행의 특징과 수행의 방식에 대하여 소개해 보고자 한다.

선의 발생과 선법의 형성

    선의 직접적인 시작은 붓다로부터 비롯한다. 붓다는 오랜 세월 동안 갖가지 수행을 두루 경험한 후에 궁극으로 선의 수행을 통하여 연기법을 터득함으로써 깨침을 얻었다. 붓다가 깨친 것이 연기법이라면 그 방법은 선이었다. 연기법이란 모든 존재는 인과 연의 상호 관계성, 곧 상의상관相依相關에 의하여 형성되고 전개되며 소멸된다는 법칙이다. 붓다에게 있어서 그와 같은 도리를 터득한 방식이 선의 방식이었다. 때문에 선 수행은 붓다가 출가하여 채택한 이후로 불교 전반에 걸쳐 가장 대표적인 수행 방식이 되었다. 이로써 선은 불교의 수행법으로서 널리 보편화되었다. 따라서 선에도 그 수행 방법과 사상적인 체계가 형성되고 분류되면서 전승되었다. 그리고 그

전승의 방식도 마음으로써 마음에 전해지는 이심전심以心傳心과 진리로써 진리에 계합되는 이법인법以法印法으로서 과거 현재 미래의 모든 부처와 조사들에게 면면하게 계승되었다.

붓다가 선택했던 수행 방식은 다양하였다. 출가하여 제일 먼저 선택한 방법은 요가 수행이었다. 붓다는 당시에 유명했던 알라라 칼라마와 웃다카 라마풋타라는 요가 수행자를 통해 요가 수행을 체험하였으며, 당시에 가장 보편적인 수행법으로 고행을 내세우는 금욕주의까지도 경험하였다. 그러고 나서 붓다가 최후로 선택한 것이 선정의 방법이었다.

당시에 붓다가 익혔던 요가 수행이란 몸을 움직이지 않고 호흡을 가다듬어 무념무상의 경계까지 들어가 오로지 정신적 자유를 향유하는 것이었다. 그리고 고행주의라는 것은 해탈을 얻는 데 있어 그 정신을 장애하는 육체 때문에 부자유하고 윤회하므로 육체를 괴롭힘으로써 육체에 갇힌 정신의 자유 및 해탈을 향유할 수 있다는 주장이었다. 붓다는 이 두 가지 방법을 모두 궁극까지 터득하였다. 그러고는 이후에 그것을 포기하였지 무조건 부정만 한 것은 아니었다. 이리하여 붓다의 수행은 출가 → 요가 수행 → 개인의 고행주의 → 좌선의 선정 → 삼명지三明智의 터득 → 깨침의 과정을 거쳤다.

삼명지는 삼명통이라고도 한다. 숙명통은 생명의 시간적 무한성을 말하는 것으로서 자타의 숙세를 통달하여 아는 지혜이다. 천안통은 생명의 공간적 무한성을 말하는 것으로서 자타의 미래세를 통달하여 아는 지혜이다. 누진통은 생명의 본래성을 상징하는 것으로서 현재의 고苦를 알아 일체의 번뇌를 끊는 지혜이다.

붓다의 이와 같은 수행 과정은 좌선주의가 기본이 되었는데, 이것은 요가 수행으로부터 선정주의로의 변화였다. 붓다의 이와 같은 수행의 처음은 숨을 들이키는 입식入息과 숨을 내쉬는 출식出息을 중요시하는 입출식 관법, 곧 아나파나사티라는 호흡법이었다. 곧 붓다는 호흡법을 통하여 삼매에 들고 네 단계 선정의 과정을 거쳐 깨침을 터득하였다.[1]

이와 같은 붓다의 선법은 6세기 초에 보리달마를 통하여 중국에 전래되었다. 보리달마는 특히 인간이 지니고 있는 고유한 본성을 중시하고 그 잠재적인 능력을 좌선을 통하여 드러내고자 하였다. 이와 같은 전통은 이후 당나라 시대에 소위 조계 혜능과 대통 신수라는 걸출한 인물을 배출함으로써 중국적인 발판을 마련할 수 있었다. 이후 조계 혜능(638~713)의 선법은 소위 남종선으로 계승되었고, 대통 신수(606~706)의 선법은 소위 북종선으로 계승되었다. 그러나 남종선법의 발전으로 말미암아 북종선법이 점차 자취를 감추어 버리자 남종선법을 중심으로 조사선법이 크게 발전하였다. 조사선이란 인간이 본래부터 구비하고 있는 순수하고 청정한 바탕을 좌선 수행을 통하여 깨치고, 그것을 일상의 생활 속에서 실현하는 선풍을 가리키는 말이다.

이로써 당나라 시대에 크게 발전했던 조사선의 가풍은 다양한 종파의 출현으로 나타났다. 이를테면 임제종·위앙종·조동종·운문종·법안종의 다섯 종파가 9세기부터 10세기에 걸쳐 형성되면서 공전절후의 황금시대를 구가하였다. 이 가운데 임제종과 조동종에서는 각각 300여 년이 지난 송 대에 들어와 간화선과 묵조선이라는 새로운 선 수행법을 창출하였다.

간화선과 묵조선의 출현 배경

간화선은 화두를 통한 선 수행이다. 좀 더 정확하게 말하면, 스승이 화두를 제기하여 제자로 하여금 화두를 보게끔 하는 선 수행이다. 반면 제자가 스승에게 화두를 들어 질문하는 형식을 통하여 그 답변의 행위에서 스스로 어떤 의미와 행위를 터득하는 선 수행이기도 하다. 이런 점에서 화두는 깨침으로 나아가기 위한 도구이면서 스스로가 타파해야 하는 도구의 대상이기도 하다. 곧 화두는 한편으로 도구로서 유지해야 하는 것이면서 한편으로 그 자체가 타파해야 하는 대상이기도 하다.

이것이 화두가 지니고 있는 양면성이다. 이 양면성은 선종 자체에서 일어나는 변질 또는 변혁의 과정과 그것에 대응하기 위한 방식으로 표출되어 갔다. 곧 수행과 깨침에 대한 입장 또는 견해와 자체의 입장을 견지하기 위한 모색으로 나타났다. 입장 또는 견해의 차이는 당나라 말기의 선풍의 흐름에서 나타났고, 자체의 입장을 견지하기 위한 것은 송 대에 선 수행법의 차이와 당시 선종계의 폐풍에서 나타났다. 전자가 종적인 이유라면, 후자는 횡적인 이유이다. 후자의 경우에 다시 묵조선법에 대한 것과 당시 선종계의 일반적인 폐풍에 대한 것을 들 수가 있다. 이와 같은 세 가지 점이 각각 간화선의 대두 또는 성립 배경과 관련되어 있다.

어느 사상이나 마찬가지이겠지만 불교의 경우도 그 목적을 구현해 나아가는 데 있어서 양면적인 모습이 있다. 간화선법의 경우 번뇌를 없애는 데 중점을 두어 번뇌의 퇴치가 곧 본래의 성품을 드러내는 것이라는 입장이다. 묵조선법의 경우 본래부터 없애야 할 번뇌가 없다는 입장에서 처음부터 지니고 있는 본래의 성품을 제대로 드러내는 행위에 중점을 두고 그것에 대한 자각에 힘쓰는 것이다. 전자가 본격적인 수행을 위한 예비 수행에 해당하는 방편수행方便修行의 성격이라면, 후자는 본격적인 수행에 해당하는 정수행正修行의 성격이다.

방편수행의 성격이 인간이 번뇌로 뒤덮인 현실을 통찰하는 것이라면, 정수행의 성격은 인간에 내재하는 본래의 자성 또는 불성에 대한 자각이다. 인간이 지니고 살아가는 모든 고뇌의 원인이 무명無明과 집착執着과 갈애渴愛라는 것은 불교의 기본적인 상식이다. 그 가운데 무명을 제거해 나아가는 것이 이념離念의 측면이라면, 그 무명의 실상을 깨치는 것은 무념無

念의 측면이다. 이념이 망념을 전제로 하고 그것을 벗어난다
는 의미라면, 무념은 망념의 존재를 처음부터 부정하는 것이
다. 이와 같은 이념과 무념의 개념은 당나라 시대에 등장한 소
위 북종北宗과 남종南宗의 성격을 구분하는 하나의 기준이 되
기도 하였다.

깨침의 과정을 이념에 두었던 북종의 주장에 의하면, 모든
인간은 본질적으로 청정하고 진실하며 평등하다는 것이었다.
그럼에도 불구하고 번뇌에 찌들어 있기 때문에 그 번뇌를 좌
선 수행을 통하여 벗어나지 않으면 안 된다는 것이었다.

그러나 무념을 강조했던 남종의 선자들은 본래의 청정성
그 자체에 입각해 있고 아예 본래부터 번뇌가 없다는 입장이
기 때문에 벗어나야 할 번뇌조차 없다는 주장을 하였다.

이것을 이념과 무념으로 설명하자면, 분별 의식의 상념을
그친다는 의미에서 북종선이 이념을 주장했다는 것에 상대하
여, 남종선은 본래적인 분별 의식의 부정에서 출발하는 무념
을 설한다. 이념은, 비유하면, 거울의 때를 없애는 입장이고,
무념은 거울에 본래 없애야 할 때가 없다는 입장이다.

이와 같은 이념과 무념의 입장은 어느 점을 강조하느냐에
따라 그 수행 방식에 차이가 났다. 간화선 성립의 종적인 원인
으로 당나라 시대에 일반적으로 수용되고 있던 남종선에서의
수행과 깨침에 대한 하나의 부정적인 견해를 들어 볼 수가 있
다. 그것은 본래의 순수한 삶의 모습 그대로가 부처이며 깨침
이고 선이라는 의미의 즉심시불卽心是佛에 대한 오해에서 비

롯된 것으로 보인다. 이것은 일상의 생활에서 번뇌가 없이 인간의 청정한 본성 그대로 살아가는 선의 입장을 가리키는 것이다. 그런데도 불구하고 당나라 말기에 이르면 국가의 혼란과 더불어 점차 보통 중생들이 욕심 부리고 화내며 어리석게 살아가는 것을 그대로 무사선이라는 이름으로 잘못 간주하는 추세로 흘러갔다.

이와 같은 폐풍을 바로잡고 무사선 본래의 순수한 입장으로 돌아가려는 움직임이 송 대에 들어와 활발하게 나타나기 시작하였다. 그 직접적인 이유는 당 대에 최고조로 발전한 선사상이 수백 년이 흘러가자 후대로 갈수록 더 이상 새로운 사상으로 발전하지 못하고, 이전의 사상에 안주하면서 형식적이고 의례적인 추세의 시대가 되었던 것 때문이다. 그와 같은 시대에 이전의 순수한 선풍을 되살리고 계승하려는 움직임이 소위 묵조선과 간화선의 출현이었다. 일반적으로 묵조선은 오로지 좌선 수행을 하는 것으로 수행과 깨침이 불이不二임을 강조함에 비하여, 간화선은 깨침을 중시하여 그것에 도달하기 위한 방법으로 화두를 드는 것이기도 하다.

이와 같은 묵조선과 간화선의 입장은 좌선과 깨침의 관계를 어떻게 간주하느냐 하는 수증관의 차이로 나타났다. 달리 말하면 자신이 구비하고 있는 본래의 마음이 곧 부처라는 즉심시불卽心是佛의 사상을 실제적으로 어떻게 수용하고 전개시켜 나아갈 것인가에 대한 세 가지 형태가 있다.

첫째, 본래 자성이 청정한 부처이기 때문에 일체의 행위는

다 본래부터 깨침의 현현이다. 둘째, 본래 자성이 청정한 부처이기 때문에 진정으로 그에 걸맞은 좌선을 필요로 한다. 그리하여 좌선하는 바로 그곳에 반드시 깨침이 드러난다. 셋째, 이치적으로는 본래 자성이 청정한 부처이지만 현실적으로는 미혹한 중생으로 있기 때문에 그 미혹으로부터 벗어나 깨치지 않으면 안 된다.

이 가운데 첫째의 경우는 당나라 시대 순수한 선풍의 기본적인 입장이다. 그래서 임제종의 개조인 임제 의현의 말을 빌리자면, 깨침은 애써 노력할 필요가 없다. 다만 일상의 생활에서 피곤하면 잠을 자고 배고프면 밥을 먹으면 그만이다. 바로 이와 같은 예들은 첫째의 대표적인 사고방식을 보여 주는 말이다.

그러나 둘째의 입장은 다르다. 그와 같은 순수하고 청정한 바탕이 본래부터 갖추어져 있기 때문에 그야말로 그와 같은 본질을 깊이 확신하고, 그것을 좌선 수행을 통하여 충분히 발휘하지 않으면 안 된다는 입장이다. 왜냐하면 번뇌라는 것은 실체가 없는 것인데도 있는 것처럼 착각하는 것에서 비롯된다고 보기 때문이다. 그러나 제아무리 천성적으로 갖추어져 있다고 해도 저절로 성취되는 것은 없기 때문이다. 이것이 곧 묵조선의 입장이었다.

나아가서 셋째의 경우는 비록 그와 같이 본래부터 부처와 동일한 자성이 개개인에게 구비되어 있을지라도 현실적으로 보자면 욕심 부리고 화내며 어리석게 살아가고 있기 때문에 그 번뇌를 타파하고 청정한 본심을 회복해야 한다는 입장이다. 이것이 간화선의 입장이었다.

모두 본래부터 청정한 자성을 구비하고 있다는 점에서는 모두 동일하다. 그러나 현실에 비추어 보면 그것을 어떻게 실현하느냐의 차이가 나뉜다. 곧 묵조선은 둘째의 입장에 서 있으면서도 첫째의 입장을 계승하고 있다. 첫째와 둘째의 차이는 미묘하다. 그러나 둘째가 깨침을 얻기 위한 수행의 필요성을 강조함에 비하여 첫째는 깨침을 얻기 위한 수행마저 필요치 않다는 입장이다.

그리하여 간화선의 입장이 깨침을 위한 수행의 필요성을 강조하는 데 비해 묵조선은 깨침을 얻기 위한 수행마저 필요치 않다는 입장이다. 말하자면 깨침이 본래부터 구비되어 있다고 보기 때문이다.

간화선과 묵조선 사상의 바탕이 되었던 이와 같은 즉심시불卽心是佛이란 본래 당나라 시대에 순수한 선풍으로 출발하였다. 즉심시불에서 즉심은 본래의 청정한 마음에 계합된 행위를 말하고, 시불은 즉심의 결과가 드러난 것을 말한다. 그러나 시대가 내려감에 따라 송 대에 와서는 즉심시불에서 시불이라는 그 결과에만 집착하여 본래의 즉심이라는 행위에 대해서는 까마득하게 무시해 버리는 무사선에 떨어지고 말았다. 왜냐하면 즉심은 곧 본래심에 계합된다는 원인에 해당하고, 시불은 그와 같은 결과에 해당하기 때문이다. 때문에 첫째의 입장에 대하여 즉심시불에 대한 잘못된 이해를 초극하려는 것

이 둘째와 셋째의 입장에 서 있는 묵조선과 간화선의 역사적
인 과제였다.

좌선 수행 – 묵조선

일반적으로 방편수행方便修行의 성격이 인간의 번뇌로 뒤덮인 현실을 통찰하는 것이라면, 정수행正修行의 성격은 인간에 내재하는 본래의 자성 또는 불성에 대한 자각이다. 인간이 지니고 살아가는 고뇌의 원인을 불교에서는 무명이라 한다. 그 무명을 제거해 나아가는 행위가 이념離念의 측면이라면, 그 무명의 실상을 깨치는 것은 무념無念의 측면이다. 무명이라는 것은 무지가 아니다. 인간에게는 살아가는 데 필요한 번뇌가 있는데 오히려 그것이 진리의 인식을 가져오는 계기가 되기도 한다.

이와 같은 근거를 토대로 하여 남종 계통의 선법은 당 대 말기에 즉심시불에 대한 잘못된 이해에 대하여 새로운 선 수행이 출현할 소지를 내포하고 있었다. 그것은 시대가 흘러가면서 나타난 갖가지 폐해와 부작용이 많은 선자들에게 다시금 각성의 계기를 만들어 주기에 충분하였다. 그 가운데 대혜 종고는 당시에 성행하고 있던 선 수행의 부정적인 요소들에 대하여 지적하고 있다. 이것은 출가 수행자뿐만 아니라 사대부를 중심으로 한 재가인에게까지 적극적으로 파고들어 선법을 널리 보급하려는 일환으로서 선이 일상생활에서 어떤 방식으로 수행되고 터득되어야 하는가에 대하여 고구정녕하게 설한 것이다.

반면 묵조선의 경우는 수행하는 그 자체에 깨침이 있다고 주장하는 것이다. 곧 간화선의 좌선관이 깨치기 위한 수단으로서 어디까지나 깨침을 목적으로 하고 있음에 비하여, 묵조선의 좌선은 수단이 아니라 좌선이 깨침이라는 목적 그 자체로서 깨친 자의 좌선이었다. 때문에 묵조선은 좌선 지상주의의 입장이다. 그리하여 간화선의 입장이 수행의 필요성을 강조하는 데 비하여 묵조선은 깨침을 위한 수행마저 필요치 않다는 입장이다.[2]

묵조선의 사상적인 배경에는 위에서 언급한 바처럼 당 대의 순수선으로 되돌아가려는 것으로 초기의 선종 그대로 되돌아가자는 것이 아니라 즉심시불에 대한 오해를 벗고 본래적인 의미에서의 즉심시불의 참정신을 계승하려는 움직임이었다. 그래서 여기에서 순수선이란 전통적인 수행을 계승하면서 당시 송 대의 선종 동향에서 새롭게 수행의 의의를 다지는 행위로 거듭난다는 의미가 묵조선이 겨냥한 수행 풍토이기도 하였다.

이것은 앞서 언급한 즉심시불에 대한 오해를 제대로 되돌리려는 것만큼이나 시급한 문제였다.[3] 이것은 갖가지 수행을 통하여 진리를 터득하는 입장이라기보다 진리가 본래부터 갖추어져 있다는 것을 터득하는 방식이 무사선의 본래성을 회복하는 순수선의 방식임을 말해 주는 것이기도 하다. 즉심시불에 대한 오해의 폐해를 극복하는 방법 가운데 하나는 그것을 벗어나 새로운 방법을 제시하는 경우가 가능하고, 다른 하나는 진정으로 무사선의 본래성에 뛰어들어 그 본질을 다시 확인시켜 나아가는 경우의 방법이 있다. 이 가운데 전자가 간화선의 출현을 이끌어 낸 방식이었다면, 후자는 묵조선의 출현을 이끌어 낸 방식이다. 그만큼 묵조선의 출현 방식에서 그 사상적인 배경은 즉심시불에 대한 올바른 이해, 나아가서 즉심시불에 대한 철저한 자각을 바탕으로 하고 있다.

그 자각의 철저한 방식은 바로 즉심시불의 현실화를 도모하는 것이다. 즉심시불의 진면목을 일상의 모든 행위에서 알아차리고 실천하며 적용하는 것이다. 그 구체적인 행위란 현재 그 자리에서 자신의 몸과 자신의 호흡과 자신의 마음에서 구현되는 것이 되지 않으면 안 된다. 이러한 입장에서는 지금의 그 자리에서 이루어지고 있는 일거수일투족 낱낱의 행위가 즉심시불의 구현으로 간주되어야 한다. 이것을 체험하기 위한 방법으로 우선 제자리에 앉아서 이전의 불조들이 행했던 방식을 그대로 인정하는 것이 필요했다. 그래서 굉지 정각과 더불

어 묵조선의 사상을 전개하였던 진헐 청료(眞歇淸了, 1088~
1151)는 "피부를 탈락하고 오직 하나의 진실만이 있다. 그것이
과거와 현재를 마치 높이 떠오른 태양처럼 밝게 비추어 지금·
여기·이것에 적나라 적쇄쇄하게 나타나 있다. 이것을 평상심
이라 한다는 것을 들어 보지 못했는가? 평상을 되돌이켜 도에
합치하여 계교를 부려서는 안 된다"고 말하였다. 이전의 방식
을 완전하게 받아들여 완전하게 수용해 보는 것이다. 적어도
이미 이전의 깨침을 위한 수단, 곧 기관機關과 선문답의 전통
을 완전히 인정하고 들어가는 것이다. 이것이 본래의 깨침, 곧
본증本證을 내세워 그것을 그대로 자각하는 것을 강조하는 진
헐 청료의 묵조적인 행위이기도 하였다.

이후 북송 말기부터 남송 초기에 걸쳐 살았던 대혜 종고
(1089~1163)와 굉지 정각(1091~1157)은 각각 임제종과 조동종의
종사로서 간화선과 묵조선을 대성시켰던 인물이다. 굉지 정각
은 진헐과 더불어 본격적인 묵조의 선풍을 전개했던 인물이
다. 진헐과 굉지는 모두 단하 자순의 제자로서 조동종에 속하
는데, 그 법계는 동산 양개 - 운거 도응 - 동안 도비 - 동안
관지 - 양산 연관 - 대양 경현 - 투자 의청 - 부용 도해 - 단
하 자순 - 진헐 청료 및 굉지 정각으로 이어졌다.

이와 같이 진헐 청료의 선풍과 더불어 묵조선의 형성에 본
격적이고 주체적인 역할을 한 인물이 굉지 정각이었다. 굉지
는 조동종의 종지를 새로운 묵조선이라는 선법을 주창하여 그
의의를 부각시켰다. 이러한 시대에 굉지는 천동산을 중심으로

그 자신의 독특한 교화를 펼쳤는데, 그것이 묵조의 수행이라는 가풍으로 전개되어 나아갔다. 묵조라는 말을 가지고 자기의 선풍을 고취시킨 것은 바로 굉지 정각이었다. 굉지가 묵조라는 말에 의해서 드러내려고 한 것은, 묵默은 몸으로 하는 좌선의 모습이고 침묵이라면, 조照는 생생하게 깨어 있는 마음의 작용이고 무분별의 지知에 대한 자각이었다.

그의 저술 『묵조명默照銘』에 나타나 있는 묵조默照는 묵默과 조照로 구성되어 있다. 여기에서 묵조가 일여하게 될 때가 바로 묵조선의 현성이다. 이것은 본증의 현성 또는 자각의 의미이다. 때문에 묵조선의 구조는 본증자각을 설하고 있는 것으로서 그 중점이 바로 깨침의 세계, 곧 부처의 세계에 맞추어진다. 본증의 자각이기 때문에 그 깨침과 깨침에 도달하는 방법과 수행이 동시이고 하나이다. 그래서 묵묵하게 좌선을 할 때에 그대로 깨침의 세계가 현현한다. 그 세계는 새로운 것이 아니라 자신이 원래부터 도달해 있는 세계이다.

이와 같이 묵조는 묵으로서의 좌선의 수행과 조로서의 현성된 깨침을 달리 보지 않고 깨침이 본래부터 구족되어 있음을 설하고 있다.

이와 같은 묵조의 도리가 가장 잘 함축되어 있는 것은 『묵조명』이다. 『묵조명』은 묵조선의 본의를 서술한 짤막한 글이다. 이것은 굉지가 40여 세를 전후하여 천동산에 머무르고 있을 때에 찬술한 것이다. 내용은 당시 단하 자순의 문하에서 진헐 등을 중심으로 일반적으로 행해지고 있던 묵조 수행에 대하여 굉지가 개인적으로 묵조선의 특징을 현창하기 위하여 이전부터 전승해 내려온 조동의 가풍을 응용하여 자기 수행의 성격을 묵조에 맞추어 드러낸 것이다.

『묵조명』은 4언 72구 288자로 구성되어 있다. 이 속에서 굉지는 법法과 비유比喩와 그 속성屬性과 공능功能을 자유자재하게 활용하여 한 편의 고운 비단을 짜 내듯이 묵조의 의의를 토해 내고 있다. 마치 조화옹造化翁이 삼라만상을 만들어 내듯 걸림 없이 기묘하고 심오한 모습을 일상의 자연물과 언설을 곁들이고 있다. 그리하여 온갖 양념과 재료가 뒤섞인 산채비빔밥과 같은 모습으로 한 편의 글을 엮어 내고 있다.

곧 시비분별을 떠난 그윽한 진리의 모습은 묵默을 통해 은근하게 비유로 나타나고, 하나도 감추어진 것이 없이 본래의 모습 그대로 진리를 표현한 현성의 공능은 조照를 의지하여 있는 모습 그대로 드러나 있다. 묵과 조의 용어를 각각 이제 10회씩 활용하여 묵조의 작용作用과 묵조의 정체正體와 묵조의 현성現成을 드러내고 있다.

우선 묵조에 대한 속성을 두 가지로 나타내어 묵조가 지니고 있는 공능을 세 가지로 표현하여 묵조가 지니고 있는 작용을 보여 주고 있다. 묵조의 작용을 앞세운 것은 묵조의 묵默이 단순히 적묵이나 고요만을 의미하는 것이 아님을 말해 주고 있다. 이미 묵조는 처음부터 한순간도 쉬지 않고 어느 곳에서나 작용하고 있음을 나타낸 것이다. 그러나 이 작용은 묵을 통한 조로, 그리고 조를 통한 묵으로 작용하고 있기 때문에 묵과 조가 어우러지지 않은 곳에서는 묵조의 작용이 간파되지 않는다.

다음으로 이와 같은 작용이 바탕하고 있는 그 정체가 무엇인지를 나타내고 있다. 여기에서 묵조의 작용은 다름 아닌 묵은 좌선의 묵이고 조는 깨침의 조라는 것을 설명하고 있다. 따라서 묵은 침묵의 묵이면서 동시에 몸으로 올바른 자세로 앉아서 행하는 좌선의 묵이다. 곧 언설로 말하면 지언至言으로서 언어 표현의 극치이고, 몸의 행위로 말하면 좌선삼매에 들어 있는 가부좌의 모습 그대로이다. 조는 본래부터 작용하고 있는 진리의 모습을 드러내는 것이면서 동시에 묵을 통해서 나타나는 깨침의 빛이다. 그래서 조는 묵을 제대로 묵이게끔 하는 조로서 온갖 세계에 널리 응하면서 방편에 떨어지지 않는 묘용妙用으로서의 조이다.

이와 같은 묵조의 정체는 단순히 정체라는 속성으로만 남아 있는 것이 아니다. 정체이면서 어디에나 드러나 있는 진리의 현성으로서의 정체이다. 이것을 현성공안現成公案이라 한다. 곧 묵조는 묵과 조의 작용과 정체가 서로 열린 관계(回互)와 닫힌 관계(不回互)를 통하여 그것을 자각으로 현성시켜 놓고 있다. 그 묵조가 현성하는 모습은 조동종가曹洞宗家의 본래 모습으로서 작용으로 말하면 허공신虛空神처럼 자유자재하고, 그 정체로 말하면 화씨지벽和氏之璧의 고사에서 화씨和氏의 옥玉이 함유하고 있는 본래의 빛깔처럼 변함이 없이 본래 그대로의 모습이다.

이처럼 묵조의 작용과 정체와 현성이 제각각이면서도 모두 서로를 거스르지 않는 중도中道의 규구規矩에서 한 치도 벗어나지 않는다는 것에 묵조의 가치와 의의가 있음을 피력하고 있다. 따라서 묵조의 종가에서는 어설픈 교리나 수행을 드러내어 남에게 강요하거나 선전할 필요가 없다. 중도의 진리를 아는 사람이면 누구나 와서 자각을 통하여 깨침을 얻어 가면 된다. 종가의 묵조에 대한 대단한 자긍심이 물씬 배어 있다.

『묵조명』의 이와 같은 내용은 묵조선의 근본 교의를 구성하고 있다. 앞서 『묵조명』의 구조에서는 대략적으로 묵조의 고유한 묘용을 작용으로, 묵조의 본증성을 정체正體로, 묵조의 진리가 드러나 있는 것을 현성現成으로 하여 세 가지로 구분하였다. 이 가운데 작용은 묵조선의 지관타좌只管打坐이고, 정체는 묵조선의 본증자각本證自覺이며, 현성은 현성공안現成公案을 가리킨다. 이와 같이 묵조선의 의의는 이미 『묵조명』가운데 그 의미가 잘 드러나 있다.

지관타좌는 묵조선의 좌선 지상주의를 가장 잘 나타낸 말이다. 묵조의 작용이 지관타좌로 드러나 있는 것은 몸의 앉음새만이 아니라 마음의 작용에 이른다. 그래서 지관타좌의 좌선이 깨침의 형태라면 깨침은 좌선의 내용이다. 더 이상 좌선과 깨침이 다른 것이 아니다. 지관타좌는 '오직 앉아 있을 뿐'이라는 정도의 뜻으로, 좌선 지상주의이기도 하다. 앉아 있는 것이 깨침 그 자체이기 때문에 앉아 있다는 사실이 다름 아닌 온전히 깨침의 입장으로서의 좌선이다. 그냥 몸으로만 앉아 있는 것이 아니다. 깨침의 내용이 몸의 좌선으로 드러나 있는 것이다. 그래서 좌선은 수행이면서 동시에 깨침이다. 바로 이 좌선의 형식이 가부좌라는 모습으로 나타난다.

다음의 묵조의 정체는 곧 본증자각을 의미하는 내용으로 전개되어 있다. 이것이야말로 앞서 언급한 가부좌를 통한 묵조의 좌선이 바로 중도에 입각한 구원의 본증임을 설파하고 있다. 일체의 양변을 떠나 있어서 묵의 근본에만 떨어지지도 않고, 조의 작용으로만 현성하지도 않는 완전宛轉의 작용이다. 이것은 가부좌가 지니고 있는 깨침의 속성이 일상성과 함께 지속성임을 말한다.

그래서 『묵조명』에서는 "좌선이야말로 언어 표현의 극치이며, 깨침이 비추어 낸 세계야말로 널리 통한다"고 말한다. 가부좌 자체는 곧 깨침의 현성이기 때문에 묵조선을 깨침 가운데 이루어지는 수행이라는 뜻으로 증상의 수행이라 말하는 까닭이 바로 여기에 있다.

또한 가부좌의 모습은 깨침의 연속성이기 때문에 그 속에서 행하는 좌선 수행이 비로소 의미를 지니는 것이다. 따라서 가부좌는 그대로 깨침의 현현으로서 나타난 몸의 구조이고 마음의 구조이다. 이러한 가부좌야말로 묵조가 나타내는 일상성이고 본증성이다.

그래서 묵조의 정체는 작용을 통하여 여기에서 비로소 현성되는 것이다. 굳이 깨침을 얻으려고 목적하지 않아도 저절로 수행의 필연성이 구현되어 온다. 그래서 올바른 수행은 올바른 가부좌이고, 올바른 가부좌는 올바른 수행이며, 올바른 좌선은 올바른 깨침이다.

좌선 그대로가 깨침의 작용이므로 좌선하는 매 순간이 그대로 깨침의 현성이다. 곧 좌선이 곧 불(坐禪卽佛)이요, 불이 곧 좌선(佛卽坐禪)이다. 이것이 묵조의 작용과 정체와 현성이 지니고 있는 본래 의의이다. 이처럼 『묵조명』은 굉지의 묵조선의 기본적인 틀을 제공해 주고 있다.

묵조선의 수행

진리의 현성(現成公案)

모든 행위에는 반드시 그 결과가 남는다. 바둑을 두고 나면 기보가 남고, 목욕탕에서 나오면 물 발자국이 남으며, 꽃이 떨어지고 나면 열매가 맺히고, 밥을 먹고 나면 주린 배가 충족된다. 또한 오이를 심으면 오이가 열리고, 팥을 심으면 팥이 열린다. 만법의 이치이다. 그런데 이와 같은 현상적이고 인과론적인 방법만이 그 결과로 남는 것은 아니다. 자신이 무의식적으로 한 행위라든가 어쩔 수 없는 불가항력적인 경우에도 자신의 의지와는 관계없이 흔적이 남는다.

이것을 모르는 사람은 없다. 그러나 정확하게 아는 사람도 드물다. 그것은 바로 자신이 알고 모르는 것과는 상관없이 하나의 실증일 뿐이다. 그 실증이 그대로 노출되어 있는 것이 현성이다. 그렇지만 노출되어 있다는 것은 이미 감추어져 있지 않고 드러나 있다는 것을 알아차린 경우가 되어 있다. 그 알아차리는 것이 자각이다. 그래서 자각이란 이미 노출된 그대로 애초부터 그렇게 갖추어져 있는 것이 전제되어 있다. 단지 그것을 자기의 것으로 알아차려 수용하는 것이다. 이것이 자각의 행위이다.

그런데 자각이란 저절로 되는 것이 아니다. 저절로 되는 것은 자각自覺이 아니라 타각他覺이다. 그래서 그 어떤 힘에 의하여 이루어지는 것이 아니라 애초에 완성되어 있는 진리에다 자신의 의지가 가미되는 행위, 곧 자각自覺은 자신의 자自와 진리의 각覺이 동시간과 동공간에 구현되는 모습이다. 그것을 진리가 구현되어 있다는 의미에서 현성공안現成公案이라 한다. 이 현성공안은 공안, 곧 진리가 자신에게 나타나는 것인데, 바꾸어 말하면 자신이 진리로 나타나는 것이다. 그래서 자신이 애초부터 자신과 진리가 하나가 되어 있는 경우를 말한다.

달리 진리가 자신으로 나타나는 것이다. 이것은 반드시 그와 같은 행위를 인식하는 행위, 곧 자각과 함께 그렇게끔 등장하는 공안, 곧 진리가 준비되어 있어야 한다. 그래서 이것을 본래부터 깨우쳐진 상태의 본증本證과 그것을 스스로 깨우친다는 자각自覺의 의미에서 본증자각本證自覺이라 한다. 따라서 현성공안의 이면에는 항상 본증자각이 개재되어 있다.

이와 같은 현성공안의 도리를 현성공안이게끔 만들어 가는 행위가 좌선이라는 신체 행위이고, 그것을 자기의 것으로 만들어가는 것이 자각이라는 인식 행위이며, 공안이 공안이라는 집착을 벗어나 초월된 공안으로 되돌아오는 행위, 곧 탈체현성脫體現成의 경험이다. 이와 같이 신체와 자각과 경험이라는 세 가지 행위의 종합이 지금·당장·그 자리에서 일어나고, 그것을 알아차리는 행위가 현성공안의 원리이다.

바로 이 현성공안의 원리를 달리 좌선 체험 또는 자각 체험이라 한다. 그래서 진리의 보편성처럼 좌선 체험과 자각 체험은 언제라도 어디서라도 어떻게라도 준비되어 있고 또한 준비된 대로 작용하고 있다. 현성공안의 체험이란 그것을 무엇WHAT·왜WHY·어떻게HOW라는 세 가지 입장에서 규명해 나아가는 것이다.

무엇WHAT이라는 입장은 공안이 무엇인가, 깨침이 무엇인가, 12연기란 무엇인가 등등처럼 그 본질을 파악하는 행위이다. 이미 몸의 가부좌와 호흡이 준비되어 있는 바탕에서 공안, 곧 진리의 본질을 구조적으로 실증해 나아가는 것이다. 반드시 무엇이라는 행위가 규명되지 않고는 공허한 관념의 철학이고 자의적으로 만들어 낸 형이상학에 지나지 않는다. 그 무엇이라는 것이야말로 공안이라는 대상에 대한 자기 구명이자 동시에 자신에 대한 공안을 의미하는 본참공안本參公案이다.

중국 당나라 때 운암 담성이라는 선승이 있었다. 어느 날

차 한 잔을 마시려고 물을 데워 막 차를 우려내고 있는 참
이었다. 그때 마침 그 스승이었던 도오 원지라는 스님이 들
어와서 운암에게 물었다.

"여기에 손님이라곤 하나도 없는데 그대는 누구에게 주
려고 차를 내고 있는가?"

운암이 말했다.

"꼭 마시고 싶어 하는 사람이 있어서 그 사람에게 드리
려고 그럽니다."

도오가 물었다.

"마시고 싶다는 그 사람은 손이 없다더냐? 자신이 직접
차를 내면 될 터인데 하필 왜 그대에게 차 심부름을 시킨단
말이냐?"

운암이 말했다.

"그 사람이 여기에 있는데 그게 바로 저이거든요."

곧 철저하게 자신을 객관화시켜 나아가면서 객관화된 자신
을 공안이라는 객관과 다름이 아닌 것으로 만들어 나아간다.
그래서 공안이 곧 객관화된 자신임을 확인하는 것이 무엇
WHAT이라는 입장이다. 그래서 왜WHY라는 것은 반드시 무엇
WHAT이 규명된 바탕에서 그 존재 양태를 따지는 것이다. 무
엇WHAT이 본질의 규명이라면 왜WHY라는 것은 일종의 존재
목적에 대한 추구이다.

그리고 왜WHY에는 그 방향성이 설정되어 있다. 여기에서

방향성이란 다름 아닌 깨친 자기의 완성이다. 자아의 실현이다. 방향성을 설정하는 데에는 무엇WHAT이라는 것의 본질적인 규명이 필요했듯이, 어디까지라는 자신에 대한 철저한 인식과 그에 따른 억제나 절제가 필요하다. 어느 쪽을 향하는 방향과 마찬가지로 얼마만큼이라는 제한의 설정이 없어서는 안 된다. 제한의 설정이 없으면 좌선의 주제가 상실되어 버린다.

묵조선의 수행 방식이 아무 대상이나 아무런 방식이나 다 통용되는 것이 아닌 이유가 여기에 있다. 왜냐하면 공안에 대한 명확한 본질인 무엇에 대한 구명이 이루어지면 당연히 그것은 그 본질에 대한 존재 이유와 어디까지라는 존재 양상이 나타나기 때문이다. 반드시 무엇이라는 의문 방식에 바탕을 둔 왜WHY이기 때문에 분명한 목표가 설정되는 것이다. 터득된 진리에 대하여 그 진리의 존재 방식이 왜 그렇게 되었는지를 살피는 것이다.

가령 12연기의 구조와 본질을 파악한 위에서 왜 12연기가 존재하야 하는지, 그 필연성을 설정하는 것이다. 무엇WHAT이 진리에 대한 본질의 인식이라면 왜WHY라는 것이야말로 자신과 타인 그리고 모든 진리에 대한 행위의 인식이다. 그래서 이미 규명된 무엇에 대한 왜라는 물음 행위는 단순한 물음이 아니다. 이미 답변을 알고서 그것을 제한하는 설정은 현명하게도 공안에서 이루어지는 행위 방식이기 때문이다.

한 승이 동산 양개에게 물었다.

"스님께서는 이미 깨친 분이시기 때문에 묻습니다. 추울 때와 더울 때는 어찌해야 합니까? 가르쳐 주십시오."

동산이 말했다.

"그래, 그대가 추울 때는 따뜻한 곳으로 가고 더울 때는 시원한 곳으로 가면 되느니라."

승이 물었다.

"스님께서 말씀하신 그런 곳이 도대체 어디에 있습니까? 저도 정말로 그런 곳에 가보고 싶습니다."

동산이 말했다.

"추울 때는 자신을 철저하게 춥게 하여 추위와 정면으로 마주치고, 더울 때는 자신을 철저하게 덥게 하여 더위와 정면으로 마주치는 것이다. 어디로 회피하려고 해서는 더욱 춥고 더욱 더울 뿐이다. 그러므로 순경과 역경을 따져서는 안 된다. 일단 목표가 설정이 되었으면 추위와 더위를 구분해서는 안 된다."

자신이 설정한 진리의 방향 또는 필연성을 감지하였으면 그곳을 향하여 이제는 온 자신을 그것에 내맡겨 버리는 것이다. 그것이 곧 어떻게HOW라는 입장이다. 어떻게라는 것은 공안의 활용이다. 공안의 활용은 자신의 활용이기도 하다. 이미 깨쳐 있는 자신을 진정으로 자신이게끔 드러내는 것이다.

그것은 이를테면 12연기를 12연기의 구명이라는 구조 속에 묻어 두는 것이 아니라 연기의 도리를 실천하는 것이다. 연기의 실천은 순리를 따르는 것이다. 인간은 인간으로서의 도리를 따르면서 동시에 그 도리를 이끌어 나아가는 것이다. 진리의 실천이다. 진리의 실천이란 현성공안의 완성이다. 하나에 얽매여 고정시키지 않고 그것을 자유자재로 활용하는 것이다.

언젠가 임제 의현이 달마의 탑을 참문參問하기 위하여 달마의 탑에 이르렀다. 임제는 그곳에 도착하여 참배할 뜻이 있는지 없는지 주위를 두리번거렸다. 이에 그곳을 지키고 있던 탑주 스님이 임제에게 물었다.

"스님께서는 무얼 망설이는 겁니까? 어느 것이 누구의 탑인지 몰라서 그런 겁니까? 그것이 아니라면 부처님께 먼저 참배하시겠습니까, 아니면 달마조사에게 먼저 참배하시겠습니까?"

임제가 말했다.

"다른 소리 마시오. 나는 부처님께도 달마조사에게도 모두 참배할 마음이 조금도 없습니다."

그러자 탑주가 물었다.

"참, 스님도 무던하시지. 부처님과 달마조사에게 무슨 억하심정이라도 있어서 그런 겁니까?"

그러자 임제는 콧방귀라도 뀌듯이 장삼 자락을 휘날리고는 그곳을 떠나 버렸다.

여기에서 임제는 하나의 대상에 대한 고정관념을 쳐부순 것이다. 어느 것이 먼저이고 나중이라는 관념에서 벗어나 이미 참배하러 그곳을 방문한 자체가 예를 드린 것이었다. 굳이 허리를 숙여 예를 표하지 않더라도 썩 훌륭한 참배를 보여 준 것이다. 현성공안의 의의는 실로 이와 같은 그 활용에 담겨 있다.

그런데 가부좌 수행을 통한 본증자각이야말로 비로소 현성공안의 활용에서 그 진가를 발휘한다. 그 활용이란 행주좌와行住坐臥·견문각지見聞覺知·어묵동정語黙動靜·일거수일투족一擧手一投足의 모든 행위에서 일어난다. 보고 듣는 자신이 그대로 보이고 들리는 대상을 의식할 때 더 이상 자신과 대상이라는 구별은 사라지고 만다.

거기에는 그것을 의식하고 있는 현재의 자신 속에 대상이 들어와 있다. 빗소리를 들으면 나는 벌써 그 빗소리 속에 들어가 있다. 그것도 온통 전체를 기울여 빗소리에 침잠해 있다. 그 순간 나라는 자신도 잊어버렸지만 빗소리도 빗소리를 잊어버린다. 그리고 비와 소리도 구별을 떠나 버린다.

이처럼 현성공안은 현성된 공안이면서 현성 자체가 곧 공안이 되어 있다. 그 즈음에는 자신이 공안으로 현성된다. 그래서 자신이 현성되면 그 현성은 곧 공안이며, 그 공안은 곧 나 자신이 되어 분별이 없는 하나로서 곧 전체가 된다. 이것을 공안 체험이라 한다.

곧 무엇WHAT·왜WHY·어떻게HOW라는 삼구 형식이 각각 본질의 구조에 대한 구명과 존재의 방향성에 대한 설정과 자신을 공안에 통째로 들이미는 공안의 활용으로 현성되는 것이야말로 묵조선 수행의 실천으로서 그 완성이다. 삼구 형식에 대한 이와 같은 공안 체험은 묵조선 수행의 활용은 이와 같은 공안의 체험을 통하여 이루어진다.

가부좌의 수행(只管打坐)

묵조선 수행의 근본은 애당초 깨침이 완성되어 있다고 보는 본증本證을 좌선을 통하여 자각自覺하는 데 있다. 본증은 말 그대로 선천적으로 이미 모든 것이 완성되어 있다는 의미이다. 깨침마저도 벌써 완성되어 있어 후천적으로 수행을 통해서 미혹으로부터 깨침을 얻는다는 것과는 같지가 않다.

그렇다고 하여 숙명론이나 기계론과 같이 우리의 자유의지가 무가치하다는 것은 아니다. 왜냐하면 본증의 의미로서 이미 완성되어 있다는 것은 그와 같은 가능성이 내포되어 있을 뿐만 아니라 그 가능성이 항상 누구에게나 열려 있다는 의미이기 때문이다.

그래서 흔히 생각하듯이 어떤 수행을 통해서 미혹한 자신이 이전에는 없었던 깨침을 새로 얻어 간다는 의미가 아니라는 것이다. 전혀 없었던 것이 수행을 통해서 새로이 생긴다는 것은 더욱 어불성설이다. 아무리 수행을 통해서 깨침을 얻는다 해도 궁극적으로는 자신의 내면에 깃들어 있는 깨침의 요소, 곧 본래부터 완성되어 있는 불성이 인연을 만나 꽃이 피듯이 발양되는 것이다.

실로 아니 땐 굴뚝에는 연기가 나지 않듯이 아무런 인연도 없이 존재하는 것은 없다는 것이 불교의 상식이다. 상식을 무시하고는 어떤 것도 성립할 수가 없다. 아는 사람에게는 상식일 수 있어도 그것을 모르는 사람에게는 고차원적인 지식으로 간주될지도 모른다. 그러나 상식에서 벗어나는 것은 불교가 아니고 선도 아니다. 단지 모르고 있을 뿐이지 애초부터 우리 곁에 늘 있어 왔다. 곧 본증이란 그와 같이 이미 완성되어 있는 것을 의미하는 것이다. 곧 그것을 자기 것으로 만들어 가는 행위가 자각이다.

자각이란, 불성으로 굳이 나누어 말하면, 행불성行佛性에 해당한다. 이불성理佛性이 흔히 말하는 모든 중생이 부처와 동일한 불성을 지니고 있다는 일체중생실유불성의 의미라면, 행불성은 그 불성이 직접 당사자에 의해서 체험되고 실현되는 것이다. 이것이 본증자각이다.

그래서 본증자각은 제아무리 지식을 통해서 이해를 한다 해도 저절로 터득되는 것은 아니다. 몸소 느껴야 한다. 그 방법이 다름 아닌 좌선이라는 행위이다. 그래서 좌선은 수행의 전부이다. 이때의 좌선은 더 이상 수행만을 의미하는 것이 아니다. 좌선 그 자체가 깨침을 드러내는 행위이기 때문에 여기에서의 좌선은 곧 깨침이다. 깨침으로서의 좌선이다.

그래서 좌선이 깨침의 형태라면 깨침은 좌선의 내용이다. 더 이상 좌선과 깨침이 다른 것이 아니다. 이것을 지관타좌라 한다. '오직 앉아 있을 뿐'이라는 뜻이다. 앉아 있는 것이 깨침 그 자체이기 때문에 앉아 있다는 사실이 다름 아닌 그대로가 깨침으로서의 좌선이다. 그냥 몸으로만 앉아 있는 것이 아니다. 깨침의 내용이 몸의 좌선으로 드러나 있는 것이다.

그래서 좌선은 수행이면서 동시에 깨침이다. 바로 이 좌선의 형식은 가부좌라는 모습으로 나타난다. 여기에서는 가부좌라 해도 두 다리를 겹쳐 앉는 몸의 형식으로서의 앉음새만이 아니라 안으로 마음의 형식에 이르는 가부좌이다. 따라서 여기에서는 우선 본증자각의 근거가 되는 가부좌이다.

가부좌의 첫째 의의는 앉음새의 형식에 있다. 형식을 떠나서는 좌선이란 있을 수 없다. 형식을 떠난 좌선이란 단순한 형이상학의 철리에 불과하다. 그래서 묵조선에서의 좌선을 달리 앞서 말한 지관타좌라고도 한다. 앉아 있는 모습 그대로가 좌선이고, 좌선 그대로가 깨침의 현성으로 간주된다.

좌선의 형식에 대해서 여러 좌선하는 방법의 책에서 누누이 강조하고 있는 것은 비단 초심자에만 한정되는 것은 아니다. 숙련된 자의 경우야말로 그 숙련의 경지가 올곧게 좌선이라는 형식으로 통해 드러나기 때문이다. 그래서 불법은 다름아닌 우리가 행하는 행동거지 그대로의 모습으로서 불법즉위의佛法卽威儀를 말한다. 특히 묵조에서의 좌선은 묵과 좌, 조와 선이 동일시되는 입장이므로 좌선이라는 앉음새 자체가 묵조이다.

다음 가부좌의 둘째 의의는 관조하는 것이다. 단순히 앉아서 묵묵히 있는 것이 아니다. 묵묵히 앉아 있되 이 묵좌는 삼천대천세계에 두루하는 묵좌이다. 곧 조가 수반되는 묵이다. 그래서 『묵조명』이라는 책에서는 묵과 조의 관계를 제대로 살펴야 한다고 말한다. 그래서 묵좌는 묵조의 좌이지 단순한 침묵만의 좌가 아니다.

이것은 몸의 좌이면서 동시에 마음의 좌이기 때문이다. 따라서 가부좌의 첫째 형식은 여기에서 바로 내용의 관조로 이어진다. 관조가 없는 형식의 좌는 한낱 껍데기일 뿐이다. 그래서 다시 『묵조명』에서는 곧 묵조 가운데에서 조를 상실한 묵이라면 그것은 곧 혼침과 미혹이 밀려들어 자신을 엉망진창으로 만들어 버리고 만다.

그러나 묵과 조가 합일하게 되면 그 경지는 마치 수행의 결과가 성인의 모습으로 나타나는 원만보신圓滿報身 노사나불盧舍那佛의 경지가 되어 수행과 깨침의 합일이 나타난다. 이것을 굉지 정각은 '연꽃이 벙글어 피고 꿈에 취해 있는 자가 꿈을 깨는 도리'라는 말로 표현하였다. 곧 묵조 좌선을 하는 수행인의 경지는 곧 사바세계에서 꿋꿋이 연꽃이 피어나듯이, 미몽의 중생을 벗어나 꿈을 탈각하듯이 위없는 경계가 된다고 하였다.

이것은 가부좌의 형식이 그 내용으로서의 관조에까지 다다른 것을 나타낸 것으로서 부처로부터 올바르게 전해진 정전正傳의 삼매에 안주하여 최상의 깨침에 이르는 것을 말하고 있다.

가부좌의 셋째 의의는 묵조가 완전의 작용으로 현성된 모습이다. 이것은 묵과 조가 상대적인 입장에 처해 있으면서도 상대성을 뛰어넘은 입장으로 바뀌며, 제각각의 입장에서 전체의 입장으로의 사고 전환이다. 따라서 가부좌는 특별한 무엇으로 규정되어 있는 것이 아니다. 형식과 내용의 구분이 엄밀하게 존재한다고 규정해 버리면 깨침은 필연성이 아니라 목적성이 되어 버린다. 가부좌는 본래의 자기가 현성하는 것일 뿐이다. 일상의 모든 사사물물이 다 가부좌의 구조 속에서 본래의 자기 체험으로 다가온다. 그리하여 주변의 어느 것 하나 가부좌의 현성 아님이 없다.

그래서 가부좌는 부단한 깨침의 체험으로 연속되어 간다. 과거의 깨침의 체험과 미래의 깨침의 체험이 따로 없다. 지금 그 자리에서의 깨침이다. 깨침에는 전후가 없다. 전일적全一的인 입장이기 때문에 미혹한 중생의 입장에서의 고매한 깨침과 진리를 통한 각자覺者의 입장에서의 일상적인 깨침 사이에 구분이 없다.

다음 가부좌의 넷째 의의는 수행과 더불어 깨침의 의의를 함께 나타내 준다. 가부좌의 의의는 묵조의 속성으로 나타난다. 곧 묵조의 가풍은 주도면밀周到綿密을 그 특징으로 삼는다. 일상에서 이루어지는 낱낱의 행위에 눈곱만치도 소홀함이 없다.

따라서 가부좌는 그대로 깨침의 현현으로서 나타난 몸의 구조이고 마음의 구조이다. 이러한 가부좌야말로 묵조가 나타내는 일상성이고 본증성이다. 그래서 굳이 깨침을 얻으려고 목적하지 않아도 저절로 수행의 필연성이 구현되어 온다.

그래서 올바른 수행은 올바른 가부좌이고, 올바른 가부좌는 올바른 수행이며, 올바른 좌선은 올바른 깨침이다. 좌선 그대로가 깨침의 작용이므로 앉아 있는 동안은 언제나 부처가 된다. 이것을 가리켜 일시좌선―時坐禪은 일시불―時佛이고, 일일좌선―日坐禪은 일일불―日佛이라 한다. 곧 좌선이 곧 불(坐禪卽佛)이요, 불은 곧 좌선(佛卽坐禪)이다. 이것이 지관타좌只管打坐로서의 가부좌가 나타내는 본래 의의이다.

심신과 자각(本證自覺)

수행은 깨침과 무관하지 않다. 여기에서 무관하지 않다는 것은 수행 자체가 깨침과 동일한 의미를 지닌다는 말이다. 그래서 수행은 반드시 깨침을 목표로 하고, 궁극에는 깨침이 이루어진다는 바탕에서 시작되고 끝나는 것으로 생각하는 경향이 있다. 그러나 이와 같이 깨침의 전 단계로서만 이해되는 수행은 수행이 아니다. 깨침의 전 단계가 아니라 수행이 곧 깨침이기 때문이다. 이와 같은 수행과 깨침의 관계에 대해서는 앞서 살펴본 바 있다. 바로 그와 같은 입장이라면 새삼스레 왜 수행이 필요한가? 누구나 모두가 깨침 자체 그대로 완전하지 않겠는가?

그러나 이처럼 깨침은 누구에게나 본래부터 완전하게 구비되어 있지만 그와 같은 사실을 누구나 다 아는 것은 아니다. 그러나 아는 사람은 안다. 이것이 자기 인식, 곧 자각이다. 그 인식의 대상은 무엇인가? 물론 자기이다. 그러나 그 대상으로서의 자기는 인식의 대상일 뿐이다. 더 이상 본래 자기가 아니다. 본래 자기는 인식의 대상이 아니다. 그냥 그렇게 자연적으로 어디에나 언제나 누구에게나 존재하는 법이연法爾然한 자기일 뿐이다.

그래서 본래 자기를 터득하는 기술이 필요하다. 그 기술이 좌선으로서의 자각이다. 좌선을 통한 자각, 다시 말해 본래 자기라는 심신深信이 수행이다. 따라서 좌선을 통한 자각의 수행이란 본래 자기, 곧 본래 부처를 찾는 것이 아니다. 애초부터 구비하고 있는 본래 자기, 곧 본래 부처를 닮아 가는 행위이다. 곧 내가 부처를 닮아 가고, 부처가 나를 닮아 가는 것이다. 아니 자신의 행위가 부처를 닮아 가는 행위임을 자각하는 것이다.

이와 같은 본래불의 도리에 대하여 예로부터 그러한 깨침의 도리는 사람들마다 두루 갖추지 않은 바가 없다고 말한다. 이것은 본래부터 중생 누구나 본래 자기라는 깨침을 갖추고 있다는 소위 본각문本覺門에 입각해 있다. 그러면서도 달리 일정한 노력을 통하여 깨침을 터득해 가는 행위, 곧 시각始覺을 통하여 본래부터 깨침의 행위, 곧 본각本覺에 합치된다든가, 시각을 말미암아 비로소 본각에 합치된다고 말하기도 한다. 이것은 중생 누구나 본래 자기임에도 불구하고 온갖 번뇌와 어리석음으로 인하여 본래 자기라는 사실조차도 인식하지 못한다는 것이다. 따라서 처음부터 갖추고 있던 본래 자기를 회복해야 하는 과제가 대두된다. 그것이 수행의 필요성을 이끌어 낸다.

이처럼 본래 자기라는 인식이 필요하다는 것이 곧 시각문始
覺門의 입장이다. 그래서 누구나 역대의 조사들과 과거·현재·
미래의 모든 부처의 가르침을 통하여 수행과 깨침에 대한 눈
을 떠야 하고 그럴 수 있다고 말한 것이 곧 시각을 통하여 본
각으로 나아간다는 것이다. 이러한 입장은 수행인이 본각의
도리를 구비하고 있으면서도 현실적으로는 그것을 드러내지
못하고 있는 것을 강조하고 있기 때문에 궁극적으로는 본래
자기에 대한 심신深信이 반드시 필요하다.

한편 묵조선을 크게 현창하고 체계화한 굉지 정각은 모든
사람에게 불심이 본래부터 갖추어져 있다고 말한다. 그래서
범부가 바로 이 불심이 본래부터 갖추어져 있음을 모르고 밖
의 경계에 대한 취사분별에 지배되고 있지만, 그러한 상황으
로부터 벗어나 본래부터 갖추고 있는 깨침의 본원本源을 원만
하게 드러내 가는 과정이 바로 초심으로부터 자각에 이르는
수행 과정이라 말한다. 각자 그 본래불임을 자각하는 수행을
통해서 본래부터 깨친 존재로서 부처를 닮아 가는 행위가 수
행이라 하였다. 이것을 다음과 같이 말한다.

묵묵하면서도 자재하고 여여하여 반연을 떠나 있어서 훤
칠하게 분명하여 티끌이 없고 그대로가 깨침의 드러남이다.
본래부터 깨침에 닿아 있는 것으로서 새로이 오늘에야 나타
난 것은 아니다. 깨침은 광대겁 이전부터 있어서 확연하여
어둡지 않고 신령스레 우뚝 드러나 있다. 비록 그렇다고는

하나 부득불 수행을 말미암지 않으면 안 된다.

여기에서 깨침의 자각이라는 수행의 본래 기능이 되살아난다. 곧 좌선 수행은 그냥 앉아 있는 것이 아니다. 묵묵히 앉아 마음은 텅 비고 깨침은 침묵 속에 밝게 드러난다. 그리하여 좌선 수행에서는 마음의 수행 못지않게 몸의 수행이 강조되고 있기 때문에 몸의 좌선 행위인 정定과 마음의 깨침의 행위인 혜慧가 동시에 나타난다. 곧 앉아 있는 그 자체를 깨침의 완성으로 보기 때문에 좌선 수행은 깨침의 형식이 아니라 깨침의 내용이고, 깨침은 좌선 수행의 내용이 아니라 좌선 수행의 묘용妙用이다.

이 좌선 수행이 곧 깨침으로 성립하는 것은 반드시 심신深信이 바탕에 있기 때문이다. 심신이란 나와 부처가 궁극적으로 동일하다는 것을 확신하는 행위다. 때문에 심신이 아닌 좌선 수행은 단순히 앉아 있는 자세일 뿐이고, 심신이 바탕에 있지 않은 깨침은 착각일 뿐이다. 바로 이 심신이 가장 강조된 것은 일찍이 보리달마부터였다.

보리달마는 심신을 통한 벽관을 강조하였다. 달마는 교학을 부정하지 않고 교에 의하여 자각할 것을 말하였는데, 그것이 곧 자교오종藉敎悟宗이었다. 본래 깨침이란 교학에 의지해서 종지를 깨친다는 것이므로 거기에는 교를 매개로 하여 근본宗을 철견한다는 것이 포함되어 있다. 문자를 부정한다든가 여의는 것이 아니라 오히려 문자를 중요한 수단으로 활용하여 적극적으로 교내별전教內別傳·불리문자不離文字를 말한 것이다.

이와 같은 경전에 의하여 종지를 깨친다는 자교오종에 의한 심신의 벽관은 필연적으로 깨침이 구현되어 있는 모습으로서 달마는 바로 그때에 진리와 하나가 되어 분별을 여의고 고요한 무위에 도달한다고 하였다.

이로써 보면 진리와 하나가 되는 깨침은 반드시 자각을 수반하는 것으로서 분별을 여의고 고요한 무위에 도달하는 것을 속성으로 삼고 있다. 분별이 없기 때문에 따로 자타自他 또는 범성凡聖이 없고, 고요한 진리의 경지이므로 번뇌로부터 자유로울 수가 있다.

그래서 깨침은 심신이라는 자각을 통한 좌선벽관坐禪壁觀의 구현일 뿐만 아니라 벽관을 통한 심신의 자각이다. 따라서 심신과 벽관과 깨침은 좌선 수행 방식에 대한 달마 특유의 용어이면서 교를 통한 깨침이라는 의미까지 내포되어 있는 말이다.

비사량의 좌선

좌선이란 자세를 가다듬고 고요히 앉아서 화두를 들고 수행하는 간화선이건, 좌선을 통하여 진리를 묵조하는 묵조선이건, 일체의 행위를 관찰하는 위빠사나건 간에 무언가 거기에는 마음의 작용이 바탕에 놓여 있다. 화두를 들어도 화두에 대한 마음 자세가 필요하고, 묵조를 해도 묵조에 대한 마음 자세가 필요하며, 관법을 해도 관법에 대한 마음 자세가 필요하다.

이 가운데서 묵조를 한다는 것은 몸으로 묵하고 마음으로 조한다는 의미가 포함되어 있다.

이 몸과 마음의 행위인 묵조는 좌선 경험 가운데 구체적으로 어떤 상태를 지향하고 있는가? 굳이 몸과 마음으로 나누어 설명하자면, 몸으로는 올곧게 가부좌의 자세를 취하면서 마음으로는 성성적적惺惺寂寂하게 사량하는 것이다.

무엇을 사량하는가? 본래면목의 자성을 사량하는 것이다. 그 본래면목이란 이치적으로 처음부터 성인 범부가 하등의 차이도 없이 완전하게 깨쳐 있는 존재(理佛性)를 말한다. 그리고 본래면목의 자성을 사량한다는 본래면목임을 자각하는 것(行佛性)이다. 이불성理佛性이란 일체중생은 동일한 진성을 지니고 있다 혹은 일체중생은 그대로 공안이라는 의미로서 누구나 어느 것이나 깨침의 가능성의 존재를 나타낸 말이다.

그러나 가능성의 구비만 가지고는 한날 철학일 뿐 결코 종교가 아니다. 종교란 반드시 그 실천이 수반됨으로써 철학과 구별된다. 선은 철학이기에 앞서 어디까지나 종교이다. 선은 반드시 좌선이라는 경험이 뒷받침되어 있다.

따라서 이불성은 필연적으로 행불성을 필요로 한다. 행불성이란 이불성에 머물지 않고 본래면목의 자성을 좌선이라는 행위를 통하여 그것을 형성시키는 자각 행위이다. 그 자각을 이끌어내는 마음의 구조가 곧 비사량非思量이다. 비사량이란 단순히 사량하지 않는다는 의미가 아니다. 사량하되 다름 아닌 바로 그 자체임을 사량하는 것이다. 곧 분별심이 없이 사량하는 것이다.

여기에서 비사량이라는 것은 좌선 속에서의 의식의 존재 방식을 보여 준 말이다. 비사량은 이러한 상호 간의 의식이나 무의식의 정신 작용에 분별이 완전히 없어진 상태의 순수한 의식 활동을 일컫는 말이다. 다시 말하자면 모든 관념과 의욕과 감정 등의 의식 활동을 추구한다든가 억제한다든가 하지 않고 의식이 생멸거래生滅去來하는 그대로 맡겨 두는 것이다. 관념과 의욕과 감정 등의 번뇌 작용은 그대로 내버려 두면 본래 무자성無自性한 것이기 때문에 저절로 사라지게 마련이다. 따라서 비사량이란 사량하되 지금 사량하는 자신이 다른 그 무엇이 아니라 바로 좌선하는 자기이고 자각하는 자기이며 깨쳐 있는 자기로서 자기와 사량과 자각이 하나임을 사량하는 것이다.

여기에서 비사량은 분별이 없는 부처의 경계인 무위無爲이다. 무위이므로 일찍이 변설한 바가 없다. 변설한 바가 없이 일체의 언론을 떠나 있으므로 부사의한 경계라 한다. 그래서 여래의 언설은 사량분별의 대상이 아닌 까닭에 바로 대상이 아닌 사량 곧 비非의 사량으로 나타난 것이므로 언설의 설법이 아닌 인연과 비유로써 표출된 것이다. 그래서 비사량은 아집을 탈락한 무집착의 사량으로서 절대사량 또는 정사량正思量으로 규정할 수가 있다. 이리하여 비사량은 단순한 무의식의 상태, 곧 무념무상이 되는 것이 아니다. 왜냐하면 사량하지 않는다고 하면 사랑하는 그 염念도 결국 의식의 굴레가 되어 어찌할 수 없게 되기 때문이다. 그리하여 일체를 그대로 내맡겨 둘 때의 바로 그와 같은 의식에는 집착이 생기지 않고 관찰되거나 개념화되지도 않는다.

이처럼 비사량의 경계에는 문자가 없어 시비와 선악을 떠나 있다. 따라서 이것을 파악하고 사유하며 표현하기 위해서는 여기에서 말한 비사량의 좌선 체험이 필요로 대두된다. 곧 이 좌선의 체험은 일상의 행주좌와·어묵동정·견문각지 등 일상생활의 모든 모습에서 체험으로 다가오는 사량의 실체이다. 그래서 『증도가證道歌』라는 책에서 말한 "행동하는 것도 선이고, 앉아 있는 것도 선이며, 말하고 침묵하며 움직이고 고요한 것이 모두 자신의 본체를 편안하게 해 준다"는 바로 그 좌선에 통한다.

그러면 좌선에서 이루어지는 구체적인 비사량의 체험은 무엇인가? 비사량의 체험은 곧 무분별한 사량의 전체 속에 그대로 자신을 내맡겨 버리는 가운데 궁극적으로는 다시 사량을 벗어난 초월현성超越現成의 의식으로 돌아오는 것이다.

이것은 비사량이 묵조의 심성임을 가리킨다. 비사량의 사상은 좌선에서의 내면적인 마음의 준비로서 파악되어야 할 성질의 것이지 언설로 추구되는 것이 아니다. 단지 언설로 표현될 뿐이다.

신심탈락의 경험

수행을 하는 데 그 기본은 무엇보다도 우선 반드시 근원을 알아야 한다. 그런데 그 근원을 알기 위해서는 일정한 행위가 요구된다. 그것이 마음이든 몸이든 언설이든 몸과 마음과 언설의 상호 간의 행위든 간에 반드시 어떤 유형 또는 무형의 작용을 필요로 한다. 그런데 이 바탕에는 언제나 주체가 있어야 한다. 그 수행의 주체는 다름 아닌 자기 자신이고 자기의 몸이며 자기의 마음이고 자기의 언설이다. 주체가 결여된 행위는 단순한 몰입 또는 마음의 방종이다. 외물에 대한 무비판적인 긍정이다. 곧 그것은 자신의 체험이 철저화되지 못한 영원한 객이다.

그런데 자신의 신身·심心·언言의 궁극에는 그 행위마저도 다시 닦아야 할 것이 없다는 생각을 가져야 한다. 이것이 수행에 들어가는 제일심第一心이다. 이 제일심을 지니기 위해서는 반드시 자신의 몸을 필요로 한다.

그 몸의 자세와 작용이 다름 아닌 좌선이라는 행위이다. 좌선의 행위는 우선 몸의 자세를 중시한다. 앉는 것이다. 제대로 똑바로 여법하게 늘 앉는다. 그것이 가부좌이다. 그래서 가부좌는 수행의 제일심을 수지守持 또는 유지하기 위한 첫걸음이기도 하다.

이 가부좌에는 자신의 몸과 마음과 기를 조절할 줄 아는 호흡이 수반된다. 건강한 몸과 목표 의식을 구비한 마음과 일정한 호흡이야말로 자신이 살아 있는 근본 방식이다. 호흡이 바탕이 된 가부좌야말로 여법한 몸의 자세이다.

호흡의 수를 헤아리는 관법인 수식관數息觀 또는 호흡의 길이와 강도를 조절하면서 하는 관법인 지식관止息觀의 호흡에서 수식 또는 지식을 지속적으로 이끌고 나아가는 방식은 호흡에 대한 인식이다. 자신이 지금 호흡하고 있음을 알고, 언제나 호흡하는 자신을 알며, 호흡하는 주체를 알고, 호흡하는 이유를 알며, 호흡하는 마음을 알아야 한다.

이와 같은 호흡에 대한 인식은 몸과 마음에 습관이 배어들 때까지 지속하는 것이 필요하다. 그리하여 끝내 호흡하는 자세와 호흡하는 자체를 초월하는 것이다. 그 초월이란 더 이상 호흡에 신경 쓰지 않고도 자연스러운 호흡에 도달하는 것이다. 자연스러운 호흡과 올바른 호흡은 자연스러운 가부좌와 올바른 가부좌의 모습으로 나타난다.

호흡은 가늘게·고르게·길게 하는 것이 중요하다. 이것이 호흡의 자각이고 호흡삼매이다. 호흡은 몸을 추스르는 작용만이 아니라 정기를 유지하는 행위이고, 마음의 혼란과 고요함을 나타내는 척도이다. 이와 같은 호흡이 처음에는 의도적으로 진행되지만 점차 완숙해지면서 무의식적으로 자연스러운 호흡이 되는 경지를 말한다.

호흡이 갖추어졌거든 보리심을 내야 한다. 보리심이란 다름 아닌 발심이고, 발심은 자각의 행위로서 믿음의 당체이다. 그런데 그 믿음의 당체를 어떻게 자각하는가 하는 것이 중요하다. 발심의 주체는 어디까지나 자신이다. 발심하고 싶다고 해서 저절로 성취되는 것이 아니다. 그러나 발심은 자신 속에서 나온다. 다른 가르침이나 누구에게서 빌려 오는 것이 아니다. 이미 자기 속에 있었던 것을 스스로 드러내는 행위이다. 따라서 자신의 강렬한 계기가 없어서는 불가능하다. 그것은 경전을 통해서 남의 언설을 통해서 자신의 명상을 통해서 자연을 통해서 어디서든지 언제든지 가능하다. 굳이 찾을 필요는 없다. 그대로 자각하면 된다.

그 발심은 무상의 체험에서 온다. 때문에 자신이 살아가는 세상이 한번 확 뒤집히는 것을 경험하고 나서야 비로소 발심이 가능하다. 그만큼 발심은 필요하고 중요하다. 때문에 누구나 발심해야 한다. 그 발심의 성취는 곧 신信의 완성으로서 자기 확인이고 자기 성취이다. 자기 확인이 소위 깨침이라면 자기 성취는 공덕을 이루는 것이다. 전자는 지혜의 터득이고, 후자는 지혜의 실천으로서 자비의 활동이다. 그래서 그 신의 완성을 위하여 수행을 강조한다. 따라서 신은 반드시 발심으로 이어지고, 발심은 수행으로 나타나며, 수행은 깨침으로서 지혜를 수반하여 자비심이 작용한다. 이런 점에서 발심은 자비이다.

발심은 최초 수행의 단계에서부터 우선 모든 것이 공하다는 것을 실증하고 그 연후에 모든 것은 단순한 공이 아님을 자각하는 공삼매로서 지고지순한 경험이다. 이와 같이 묵조의 공안과 좌선은 현성과 탈락, 곧 초월이라는 효과로 나타나 있다. 바로 현성과 탈락의 근원에는 반야경의 근본적인 가르침인 공 사상이 뒷받침되어 있다. 곧 묵과 조의 상호 작용에서 일어나는 연기상의緣起相依는 현성과 탈락이 끊임없이 지속되는 경험으로 통하며, 그 현성과 탈락의 전개 양상은 일체의 존재는 실체적이고 고정적인 자아가 없다는 제법무아諸法無我의 도리에 통한다.

그래서 발심은 수행의 행위이고, 수행은 발심이라는 그 분별마저도 초월하는 것이다. 이러한 중생이야말로 그대로 수행의 과정에 있는 중생이다. 그러나 중생에게는 수행을 시작하고 받아들이며 인정할 만한 능력이 구비되어 있지 못하다. 다시 말해 중생으로서는 열반에 나아가는 길이 막혀 있는 셈이다. 따라서 중생의 성품을 멸하고 중생을 초월한 존재가 되는 것이 수행인데, 그 수행의 첫걸음은 중생을 비우는 행위이다. 중생을 비우는 행위를 공이라 말하기도 한다.

여기에서 공이란 중생이 공한 존재가 되는 것이 아닌 본질적인 공이다. 곧 중생을 벗어나는 것이 아니라 중생을 깨치는 것이다. 중생 그대로가 공이지 중생을 벗어난 공이 아니다. 중생은 공의 중생이고 공은 중생의 공이다. 비유하면 밤이 지나고 낮이 오는 것이 아니고 낮이 오기 전에 밤이 있는 것도 아니다. 곧 밤의 낮이고 낮의 밤으로서 낮과 밤은 둘이되 둘이 아니고二而不二 둘이 아니되 둘이다不二而二.

그래서 여기에서 중생을 깨치는 것은 보리심의 획득, 곧 발심의 완성이 된다. 이리하여 발심이 이루어지고 나면 좌선이

순일해지는데, 바로 그 순일해진 좌선은 그대로가 깨침의 행위의 연속이다. 이것이 본래적인 깨침(本證)의 행태이다. 그런데 본증의 행태를 유지하기 위해서는 그것에 대한 자각이 필요하다.

그 자각의 행위가 묵조의 마음이고 좌선의 몸이다. 따라서 본증에 대한 자각은 이미 발심되어 있는 분상에서 이루어지는 수행, 곧 묘수妙修이고 본수本修이다.[4] 그 자각에도 준비가 필요하다. 자각에 대한 준비란 다름 아닌 믿음이다. 발심에 대한 믿음이다.

그와 같은 경험이 자각이다. 그러나 끝내 자신과 하나가 되지 않는 경우는 자신이 만들어 낸 믿음에 대하여 다시 숙고해 보아야 한다. 믿음의 대상을 바꾸라는 것이 아니다. 각도를 달리하여 용의주도하고 주도면밀하며 세밀하고 깊게 다시 살펴야 한다. 그리하여 본래면목이라는 주제에 대한 믿음을 달리하여 다시 궁구하는 것이다. 그 경험은 절대 고요를 통해 검증된다. 절대 고요는 자신에 대한 철저한 긍정으로서 좌선의 상태를 통한 몸의 고요가 바탕이 된다. 절대 고요의 체험은 심신의 동요가 사라진 상태이다.

이 경험은 자신의 탈락으로 나타나는데 그것이 무아의 터득이다. 그 속에서 일체의 소리를 배제하고 정념正念에 드는 것이다. 그 정념은 무아의 체험으로 나타난다. 곧 공을 체험하는 것이다. 이것이야말로 공안을 자각하는 것이다. 분별이 없는 전일專一한 사량으로서 비사량의 체험이기도 하다. 비사량은 무분별한 사량에서 궁극적으로 다시 사량을 벗어난 소위 초월현성超越現成의 의식으로 돌아오는 것으로 묵조의 심리이다.

이와 같은 묵조의 심리적인 비사량의 수행은 항상 믿음의 대상을 근본으로 하여 순일한 삼매의 경지에 들어야 한다. 그래야만 신심身心의 일거수일투족이 항상 믿음을 떠나지 않고 성성적적하다. 이것은 자기의 평소 생활을 되돌아보는 행위이기도 하다. 곧 단좌하여 믿음의 실상을 염하고 자기를 염하며 마음과 마음이 서로 상속되어 마음을 고요하고 청정하게 하면 믿음의 대상이라는 의식이 없는 곳에 이르게 된다.

이것이 곧 망념이 사라진 본래 믿음의 현성이다. 다시 말해 믿음의 대상을 염하는 마음 그 자체를 염하는 것이다. 믿음의 대상을 염하는 것은 곧 마음을 염하는 것이며, 믿음의 대상을 궁구하는 것은 곧 깨침을 궁구하는 것이다. 때문에 믿음의 대상이 적정하게 되어 궁구하는 자신과 하나가 되면, 믿음이 더 이상 형상이 없는 도리인 줄을 알아 몸과 마음 그리고 일상의 생활이 제대로 영위되는 안심입명安心立命의 경지에 도달하게 된다.

이리하여 지속적으로 믿음의 대상을 궁구하여 대상적인 마음이 일어나지 않으므로 평등하여 대립이 없게 된다. 이처럼 마음을 믿음에 모아 평등하고 청정하게 하여 항상 그것을 자각하면 달리 망상이 없다. 애초부터 없는 줄을 자각한다.

가령 불안심을 느낀 혜가가 달마에게 안심법문을 청하자, 달마는 불안심을 내보이라고 말한다. 이후로 오랫동안 혜가는 불안심의 존재를 찾아보았으나 끝내 찾지 못하였다. 혜가는 불안심을 찾지 못한 것이 아니라 본래부터 그 불안심의 실체는 비존재라는 것을 알았다. 이로써 혜가는 불안심조차 공인 줄을 터득하였다. 모두가 믿음의 대상과 똑같은 법신이 된다. 항상 이러한 마음 상태로 있으면 모든 분별과 번뇌가 소멸해 버리기 때문이다.

그래도 그 궁구의 대상과 하나가 되는 경험을 하지 못했을 경우에는 처음으로 돌아가 믿음의 대상을 앞에 두고서 절대 고요를 체험해 본다. 절대 고요의 체험은 조금도 자신을 남겨 두어서는 안 되는 경험이다. 좌선 그대로 고요하다는 것을 느껴보는 것이다. 깊고 깊은 고요 속에 파묻혀 마침내 고요라는 생각마저 사라져 버린 때에 고요에 대한 본래 모습을 경험하게 된다. 그 절대 고요에서 무아의 체험이 가능하다. 무아의 체험은 자기 전체의 대긍정이다.

이와 같은 절대 고요와 무아를 체험하고 난 후에 긴 호흡과 더불어 다시 앞에 두었던 자신의 믿음을 가져다가 궁구해 본다. 그리하여 마침내 그 믿음의 대상과 하나가 되는 자각의 체험이 필요하다. 하나의 대상에 대한 하나 됨의 체험을 마치고 나면 또 다른 대상을 가져다 다시 계속한다.

믿음의 대상이란 자신이 생각하고 느끼며 말하고 경험하며 실존하는 모두가 이에 해당한다. 본래면목과 더불어 경전의 문구라든가 연기법이라든가 생명의 모습이라든가 인간과 우주 활동의 일체가 자신의 믿음의 대상이 된다. 그 믿음의 대상이 잘못되었다고 염려할 필요는 없다. 단지 어떻게 언제 궁구하느냐를 염려할 뿐이다.

왜냐하면 발심의 믿음에서 이미 완전하게 갖추어진 믿음이 자신의 눈을 통하여 색깔을 달리하여 드러난 것에 지나지 않기 때문이다. 이와 같은 대상에 대하여 언제부터인지 무슨 모습으로든지 어떤 작용으로든지 이미 자신이 믿어 버린 그대로를 체험하는 것이 필요하다.

이 체험은 자신의 본증에 대한 본래인의 자각 행위이다. 그 자각은 필연적으로 공안이 현성된 상황이며, 공안의 현성은 좌선하는 가부좌에 늘 그렇게 올곧게 드러나 있다. 공안의 현성은 지금·여기·이렇게 자신이 좌선하고 있는 줄을 자각하는 행위이다. 곧 공안의 자각이요, 자각된 공안이다.

여기에서 공안은 자신이다. 때문에 자신이라는 공안의 자각이고 자각된 공안의 자신이다. 이로써 자신과 공안과 자각은 각각 즉입卽入의 관계에 있다.5) 곧 자신 속에서 자각된 공안이고 공안으로 자각된 자신이며, 자각된 공안을 구비한 자신이고 공안이 자신으로 자각된 것이며, 자신의 공안을 자각한 것이고 자각된 자신이 공안으로 드러난 것이다.

묵조선의 수행에서 무엇보다 우선적인 것은 믿음이다. 그것도 제일심으로서의 믿음과 아울러 본증을 위한 전제로서의 발심의 믿음이다. 그런데 이 믿음에 대해서 믿음이 진리 그대로 드러나 있다는 것을 현성공안現成公案이라 한다. 말 그대로 공안의 현성이다.

따라서 현성공안은 믿음의 존재 방식이기도 하다. 이와 함께 믿음의 작용 방식은 곧 좌선이다. 다시 말해 좌선이라는 행위를 통하여 공안이 현성되고, 현성된 공안이 다시 좌선의 모습으로 드러나는 것이다. 그래서 공안의 현성과 좌선은 믿음의 다른 방식일 뿐 별개의 것이 아니다.

여기에서 공안은 초월 곧 탈락된 공안이다. 곧 일체의 의문과 형식과 공능을 벗어난 진리 그대로의 존재 방식을 말한다. 그래서 공안은 진리이면서 진리의 현성이고 믿음의 탈락 방식이다. 믿음이 무엇을 상대로 하여 누구에게나 어디에나 드러난다는 것이 아니라 믿음 자체가 누구에게나 어디에나 무엇으로든지 그대로 드러나는 것이다. 이것이 다름 아닌 좌선이다. 그래서 좌선은 좌선 그대로 현성된 진리이다.

이 좌선이 묵조의 좌선이다. 묵조의 좌선은 묵과 조의 좌선이다. 묵의 좌선이 이 몸뚱아리로 단좌하는 것이라면, 조의 좌선은 깨어 있는 마음의 작용이다. 몸과 마음이 좌선이라는 형식으로 나타나 있다. 그래서 묵과 조는 몸과 마음의 조화이고, 몸과 마음의 일체 작용이다.

몸과 마음이 조화 또는 작용의 일체를 보이고 유지하기 위해서는 탈락이라는 수행이 필요하다. 탈락은 벗어나고 초월하며 집착이 없으면서 본래 작용의 기능을 그대로 유지하는 작용이다. 그래서 신심탈락身心脫落이란 신身과 심心이 자기로부터 탈락되어 있는 상태, 곧 초월되어 있는 경우를 말한다.

신身의 탈락이란 자신이 이 몸 그대로를 지니고 유지하면서 몸의 당체와 작용과 유혹과 번뇌에 장애받지 않으면서 동시에 몸의 유지와 작용에 대하여 아무런 장애도 느끼지 않는 것이다.

심心의 탈락이란 신身과 함께 상호 작용 속에서 유지되는 심이면서도 동시에 신의 구속으로부터 떠나 있는 것을 말한다. 그래서 심心이 신身의 구속을 벗어나 있는 경우는 몸이 하고자 하는 대로 마음이 따라가면서도 몸과 마찰을 일으키거나 전혀 장애가 되지 않는 것이다. 마음이 하고자 하는 대로 몸이 따르고 몸을 부리며 몸을 지탱한다.

그래서 심과 신의 탈락이란 정작 그 자체로부터 벗어난다는 의미이기는 하나 실제로는 그 자체 속에서 심과 신이 자유로운 기능이 이루어지고 유지되는 것을 말한다.

따라서 신심身心의 탈락 또는 심신心身의 탈락은, 달리 말하면, 탈락된 신심이고 탈락된 심신이다. 탈락의 굴레를 떨쳐버린 신과 심의 작용 방식이다. 이처럼 신과 심이 탈락된 형태가 곧 공안의 현성이고 신심의 현성이다.

그런데 바로 이와 같은 탈락은 좌선이라는 행위를 통해서 이루어진다는 데에 의의가 있다. 신심의 어떤 탈락 행위도 좌선을 벗어나서는 의미가 없다. 좌선은 신과 심의 형식이고 내용이면서 가치이고 작용이기 때문이다.

몸과 마음이 일치된 상태에서 일어나는 탈락의 양상은 필연적으로 감각의 탈락을 수반한다. 안·이·비·설·신·의의 탈락은 몸으로부터의 탈락이고 마음으로부터의 탈락이기 때문이다. 좌선의 형식을 통하여 몸과 마음의 탈락을 경험한 이후에는 다음으로 반드시 감각의 탈락으로 이행된다. 색과 형체를 보고, 소리를 들으며, 냄새를 맡고, 맛을 보며, 촉감을 느끼고, 여타의 과거와 현재와 미래를 넘나들고 인식하는 일체의 것으로부터 초연한 경험을 하게 된다.

여기에서 좌선을 통해 경험된 감각의 탈락은 달리 좌선의 탈락 형태이기도 하다. 좌선이 탈락된 형식으로 보고 들으며 맡고 맛보며 느끼고 체험한다. 그래서 좌선은 곧 신심의 탈락이고 감각의 탈락이기도 하다. 탈락된 신심과 탈락된 감각과 탈락된 언설은 심신深信의 자각 좌선을 통해서만 드러나는데, 이처럼 드러나 있는 모습이 공안의 현성이다. 따라서 공안의 현성, 곧 현성공안은 좌선탈락의 모습이면서 좌선탈락의 내용이다.

그런데 발심의 믿음에 대한 주제는 앞서 말한 바처럼 모든 것이 가능하다. 그러나 어느 것이나 다 되는 것은 아니다. 자신이 직접 경험한 발심의 믿음이지 않으면 안 된다. 가령 12연기를 발심의 믿음으로 정했다면 우선 붓다의 깨침에 대하여 좌선삼매를 행한다.

왜냐하면 붓다의 깨침은 12연기에 통해 있기 때문이다. 그러면 붓다가 연기를 깨쳤다는 말인지, 아니면 붓다가 연기를 통해서 무엇을 깨쳤다는 것인지, 아니면 붓다는 무엇무엇이 연기의 도리라는 것을 깨쳤다는 것인지 등을 몸소 좌선삼매를 통하여 심신深信하는 것이다.

또한 붓다가 말한 12연기의 맨 바닥에 놓여 있는 무명無明에 대하여 무명의 실상이 무엇인지, 무명은 무엇을 인연하여 발생하는 것인지, 자체적으로 발생하는 것인지, 무명 자체가 근본적인 제일원인이 되는 것인지, 무명이 존재하는 것인지, 무명의 행위란 도대체 무엇인지 등을 몸소 좌선삼매를 통하여 확신하는 것이다.

이와 같은 행위는 필연적으로 반야에 의하여 탐욕과 번뇌를 여의는 혜해탈慧解脫뿐만 아니라 선정을 통해서 근본적인 무명을 여의는 심해탈心解脫의 어느 것에도 두루 통하는 직접 경험으로 지혜와 심신의 탈락이기도 하다.

화두 수행 – 간화선

간화선의 등장

선종이란 좌선을 주요한 수행 방법으로 삼아 깨침에 이르는 것을 목표로 삼는 불교의 종파이다. 불교의 수행은 경전을 독송하는 간경 수행, 주문을 외우는 주력 수행, 좌선을 통하여 깨침을 추구하는 참선 수행, 기타 염불 수행 등 여러 가지가 있다. 이 가운데 좌선 수행은 좌선을 떠나서는 생각할 수 없다. 그 가운데서도 좌선을 으뜸으로 삼아 일종의 공안, 곧 화두를 참구하는 것이 소위 간화선看話禪이다. 간화란 말 그대로 '화두를 본다' 또는 '화두를 보게끔 한다'는 의미이다. 다시 말하면 화두를 들어 통째로 간파하여 추호의 의심도 없이 그 전체를 체험하여 자신이 화두 자체가 되는 과정이다.

이러한 화두는 달리 공안公案이라고도 하기 때문에 공안선이라고도 한다. 공안이란 공공 문서가 지니고 있는 그 권위에 비유한 것이다. 그래서 함부로 사사로이 처리할 수 없듯이 스승의 준엄한 검증의 과정을 거친 연후에야 비로소 그 수행의 경지를 인가받게 되는 스승과 제자 사이에 엄격하게 적용되는 사자상승의 원리이다.

이 공안이라는 용어가 맨 처음 등장한 시기는 당나라 시대 황벽 희운 시대였다. 『오가정종찬五家正宗讚』이라는 책의 황벽 선사 부분에서 처음 등장한다. 그러나 당시에는 아직 후대의 간화선에서 말하는 공안의 본격적인 의미로는 사용되지 않았다. 마찬가지의 경우이지만 직접 공안이라는 말은 보이지 않으나 의미상으로 보아 스승이 제자에게 일종의 문제의식을 불러일으킨다는 입장에서 공안으로 간주할 수 있는 것은 이전에도 많이 있었다.

그러나 후대에 간화선에서 본격적으로 말하는 간화라는 의미에서의 공안, 곧 화두는 당 대 말기의 조주 종심과 임제 의현을 거쳐 북송 말기에서 남송 초기에 살았던 대혜 종고에 이르러서 대성하게 된다. 이때가 되면 부처님과 조사들의 기연이 정형화되어 수많은 화두로 나타나게 된다. 따라서 수행 납자들의 수준이 천차만별이기 때문에 화두도 다양하여 일상의 생활 하나하나가 화두로 등장한다. 이처럼 송 대에 화두가 간화선이라는 일종의 화두 참구를 으뜸으로 내세우는 수행 방식으로 선택된 것에는 나름대로 이유가 있었다.

대혜 종고 당시에는 공안이 수행 납자들 사이에서 널리 의논되기도 하고 스승과 문답을 하면서 발달해 갔다. 그러나 그것이 자기의 진실한 깨침의 마음을 구명하기보다는 오히려 형식적으로 흐르게 되면서 많은 부작용이 나타나기도 하였다. 이러한 시점에서 공안의 역할을 새롭게 부각할 필요가 생겨나게 되었다.

그러한 즈음에 대혜는 공안에 의해서 자기의 망상을 제거하는 것을 그 하나의 목표로 삼았다. 이를테면 대혜는 조주 종심의 무자화두無字話頭를 강조하였다. 조주의 무자화두란 조주와 제자 사이에 있었던 일화를 바탕으로 형성된 화두이다.6)

이로부터 북송 시대에 오조 법연이라는 선사가 그 일화를 예로 들어서 설법한 것으로부터 이후 소위 무자화두로 등장하였다. 무자화두의 요체는 무자삼매에 들어 내외가 타성일편되는 심경에 도달하여 그것으로써 모든 분별망상의 삿된 생각을 불식해 가는 것이다. 대혜가 무자화두를 통하여 둘째 목표로 삼은 것은 공안에 대하여 대의단大疑團을 불러일으켜 그것을 통하여 깨침으로 나아가도록 한 것이었다. 그리하여 대혜는 공안을 들지 않고 의심이 없이 묵묵히 앉아 좌선만 하는 모습을 경계하였다.

이로써 대혜는 생생하게 공안을 들어 끊임없이 의심에 의심을 더해 가야 한다고 설한다. 따라서 대혜는 화두에 대한 의심을 통한 깨침을 제일의 원칙으로 삼았다. 깨치는 데에는 우선 의심해야 한다고 말하면서 그 의심을 공안에서 찾아야 한다고 주장한다. 따라서 크게 의심할수록 크게 깨친다는 대의대오大疑大悟를 강조하였다. 그 방식으로서 대혜는 고인의 공안을 통하여 의심을 일으켜야지 문자를 통하여 의심을 일으켜서는 안 되고, 경전의 가르침을 통하여 의심을 일으켜서도 안 되며, 일상의 번거로운 가운데서 의심을 일으켜서도 안 된다고 말한다. 오로지 고인의 무자를 통해서 의심을 하고, 그 무자를 깨쳐야만 모든 의심덩어리를 꿰뚫어 부처님의 깨침의 심경에 들어간다고 주장한다. 이처럼 대혜에게 공안은 단순한 고인의 공안으로서가 아니라 깨침의 전부였다. 그리하여 대혜의 공안이 이전과는 달리 하나의 공안선, 곧 간화선으로 자리매김하게 되었다.

공안의 성격

선의 몇 가지 수행 방식에서 가장 독특한 것 가운데 하나가 공안을 통한 선 수행이다. 공안 수행은 불교가 중국적으로 전개된 대표적인 사례로서 이후 오늘날에 이르기까지 선 수행에서 그 보편성을 인정받고 있다. 널리 보면 많은 수행 방법 가운데 하나이지만 선종 내에서의 공안 수행의 위상은 단연 압도적이다. 현재 우리나라에서 수행되고 있는 선법만이 아니라 중국이나 일본을 통해 전개되었고, 구미와 유럽에 이르기까지 전래되고 있는 실정이다. 따라서 우선 이와 같은 공안이 지니고 있는 그 성격에 대한 이해를 통해서 공안선 수행에 한 걸음 다가가 보기로 한다.

공안이란 직접 선에 참여하여 깨친 사람들이 그 깨침의 경지를 표현해 놓은 말과 행위를 가리켜 일컫는 말이다. 그 말과 행위를 다른 사람들에게 보여 주려는 의지가 없었던 사람도 있는가 하면, 특히 남을 위하여 깨친 심경을 보여 주려고 하여 말하거나 행동한 사람도 있다. 어쨌든 그 말과 행위는 완전히 깨침의 경지를 표현하고 있어서 아직 깨치지 못한 사람들에게는 결코 이해할 수 없지만 이미 깨친 사람들에게는 곧 가장 상식적이고 정당한 것이 된다. 간단한 말과 행위이면서도 이처럼 깨친 사람과 깨치지 못한 사람에 대한 경계의 차이를 나누는 표준 기준으로 삼을 수 있다는 점이 공안이 지니고 있는 특질 가운데 하나이다.

공안의 이와 같은 특질을 깨치지 못한 자라면 전혀 얼토당토않은 생각을 가질 것이다. 바로 이처럼 깨치지 못한 자로 하여금 그가 지니고 있는 상식으로는 이해할 수 없는 세계가 있음을 의식하게끔 한다. 그 결과는 왜 이러한 말과 행위가 있는 것일까, 이러한 인생과 우주는 과연 실재하는 것일까 등의 의문을 불러일으키기에 충분하다. 원래 인간에게는 신기한 사물을 접할 경우 그것에 타당한 해석을 부여하지 않고는 못 배기는 성질이 있다. 하물며 그러한 사람들에게 인생의 현실에 대한 불만과 불안에 대하여 그 해결을 모색하고 안정된 세계를 동경하는 종교적 요구가 작용하고 있을 경우에는 공안이 지니고 있는 이러한 특이한 성질은 대단히 매력적인 힘으로 그러한 사람들을 사로잡았다.

선에서는 흔히 크게 의심하면 크게 깨친다는 대의대오大疑大悟를 말한다. 인생의 현실에 대한 불만과 불안이 깊어지면 깊어지는 만큼 공안에 대한 관심은 깊어지고, 또한 완전을 향해 나아갈 것이다. 왜냐하면 현실에 대한 사색 탐구가 엄밀하게 이루어지고 그 행위의 귀결이 분명해질 때야말로 현실과 정반대의 입장에 있는 모든 성질의 색다른 깨침의 경지의 존재가 유일한 가치가 되리라는 희망으로 나타나기 때문이다. 이리하여 공안은 단순히 깨친 자의 심경을 나타내는 말과 행위에 그치지 않고 아직 깨치지 못한 자의 마음을 사색의 심연에 이르게끔 분발시켜 깨침의 경지에 나아가는 매개 작용을 하는 것이다.

따라서 공안 자체를 두고 깨침으로 나아가는 단순한 수단으로 보는 경우도 있다. 물론 공안은 깨침을 얻기 위한 도구로 출발을 한다. 그러나 공안을 참구해 나아가는 수행의 과정은 결코 깨침과 그것을 획득하기 위한 수단으로만 보기에는 무리가 있다. 왜냐하면 제1단계에서는 내가 있어 공안을 참구한다. 그래서 나는 나이고 공안은 공안이어서 나와 공안이 별개로 존재한다. 그러나 점차 공안 수행이 깊어짐에 따라 제2단계에서는 공안을 참구하는 내가 공안이 되고 공안이 내가 되는 경지, 곧 화두일념이 된다. 여기에서는 단순히 공안이 참구대상으로서의 공안만은 아니다. 공안은 다름 아닌 의심이면서 곧 나이기 때문이다. 나아가서 제3단계에서는 여전히 공안은 공안이고 나는 나이다. 공안과 내가 별개이지만 이미 화두일념의 과정을 거친 공안이기 때문에 깨침의 공안이다. 여기에서는 더 이상 의문의 대상으로서의 공안이 아니라 진리가 드러난 대상으로서의 공안이다. 이미 공안은 목적 또는 지향해야할 대상, 곧 깨침으로서의 공안이다. 여기에서는 더 이상 수단이 될 수가 없다. 공안 수행의 자체이고 나아가서 자기의 자신이다.

특히 공안 수행을 주창하는 간화선법에서는 모든 판단의 기준이 공안이 된다. 여기에는 하나의 공안이 전체를 대변하는 경우도 있을 뿐만 아니라 각각의 공안이 개별적으로 그리고 나름대로의 의의를 지니고 있기도 하다. 따라서 하나의 공안만 투과하면 온갖 공안이 해결된다는 경우가 있는가 하면, 또한 낱낱의 공안을 별도로 투과해야 한다는 경우가 있다. 이것은 공안의 역사상에서 나타난 공안관이기도 하다.

공안이란 법령과 동일한 의미로 해석되고 있다. 그러기에 공안을 예로부터 전승해 내려온 법령과 같다는 의미에서 고칙공안古則公案 또는 고칙이라고도 한다. 여기에서 칙이란 법칙을 의미하기 때문에 법령과 동일한 뜻이다. 법령은 국민의 생활을 보증하고 보호하는 것이 목적이지만 자칫 그것이 저촉되는 자가 있으면 단연코 그 조문에 따라 처분한다. 법령은 국가의 의지의 소재, 곧 권위를 나타내는 것이다. 이 공안이라는 용어를 선자의 깨침을 표현하는 말과 행위로 전용하여 진리의 권위를 나타내는 것으로 삼은 것은 타당한 사용법이다.

또한 법령이 아무리 완비되어 있어도 그 존재를 알고 그것을 지키는 국민의 관심이 없다면 공문空文에 불과할 것이다. 법령에는 그 대상인 국민이 없으면 무의미하다. 만약 국민에게 국가의 질서를 유지하려는 의욕이 왕성하다면 잘 완비된 법령이 없어도 임시의 계약이라든가 무엇이라도 만들어 그 목적을 달성할 수 있을 것이다. 공안의 경우도 마찬가지이다. 아무리 완전하게 깨침의 경지를 표현한 공안이 있다 하더라도 그것에 관심을 지닌 종교적 요구가 깊은 사람이 없다면 거기에서 그 공안의 의의는 발견할 수 없을 것이다. 마치 돼지에게 진주를 던져 주는 꼴이 되고 말 것이다.

이에 반하여 종교적 요구가 깊은 사람이 있다면 고칙공안은 마치 굶주린 자가 밥을 만난 듯이, 그리고 목마른 자가 마치 물을 만난 듯이 기뻐할 것이다. 그렇지만 만일 고칙공안이 없다 하더라도 이러한 사람은 우주 일체의 사물을 의심하고, 나아가서 모든 것에 대하여 공안과 같은 성질을 부여하여 마침내 깨침의 경지에 대한 매개 작용을 찾아내기에 이를 것이다. 그리하여 일단 깊은 종교적 의문을 품은 자에게는 일체의 사물, 곧 하늘에 떠 있는 일월성신도 하늘을 떠도는 구름도 새소리도 거위의 울음도 푸른 버드나무도 붉은 꽃도 모두가 회의의 대상이 되지 않는 것이 없어 의심의 투철에 대한 깊고 옅음은 있을지라도 의심이 있으면 반드시 깨침의 경지가 전개되어 간다. 그래서 일체는 공안이 지니고 있는 깨침의 경지에 대한 매개 역할을 하는 것이다.

이러한 이유는 다른 측면에서 설하는 것이 편리할지도 모른다. 선자의 깨친 입장에서 말하자면 고칙공안을 기다릴 필요도 없이 우주의 삼라만상이 모두 깨침을 표현하고 있는 것이므로 하나의 미세한 티끌도 예외는 아니다. 인간 행위의 어떠한 것도 마찬가지이다. 인간은 본래 해탈의 경지에 있는 안심의 한가운데에 있다는 것이 당나라 시대에 형성된 조사선의 입장이다. 따라서 진리는 모든 사람들에게 구족된 채로 개개인에게 원만하게 성취되어 있어서 굳이 이것이다 저것이다 언급할 필요가 없다. 조사들이 흔히 말하는 것 가운데 하나가 자신에게는 한 법도 다른 사람들에게 전해 줄 것이 없다고 말한다든가, 그리고 일생 동안 노력하여 수행한다 해도 가히 얻을 만한 법이 하나도 없다고 말하는 것 등은 바로 이것을 말해 주는 것이다.

이와 같은 견지에서 말하자면, 석존께서 49년 동안 행한 설법도 평지풍파에 불과하고, 조사들의 천칠백 가지의 공안도 똥 묻은 휴지만큼도 가치가 없다고 할 수 있다. 선에 있어서는 일체가 이와 같은 성질을 지니고 있다. 이런 것들이 깊은 종교적 요구를 지닌 사람들에 대하여 그 진상을 누설하여 깨침의 경지로 향하는 매개 작용이 된다는 것은 당연하다고 하지 않을 수 없다. 이러한 의미에서 우주 간의 일체법은 광의의 공안이다. 선자가 선을 궁구하는 필요조건으로서 반드시 대신근大信根·대의문大疑問·대분지大憤志 등을 언급하고 있는 것은 바로 이 때문이다.

인간의 종교적 요구는 처음 현실 생활의 불안으로부터 일어나 점차 심화되고, 막연한 것으로부터 명료한 것으로 진행되어 나아가며, 그 사람의 성품과 전통적으로 지니고 있는 종교의 영향에도 의존하는가 하면, 혹은 신의 사랑에 의하여 구제되기도 하고 불의 자비에 완전한 안정에 들기도 하지만, 신과 불을 의심하고 마침내는 신과 불을 의심하는 자신까지도 의심하여 선문에 들기도 한다. 이러한 때에 어쨌든 그 방향을 정하지 못하고 있는 요구를 선문으로 이끌어 들인 것은 바로 역사적 사실에서 찾아볼 수 있는 훌륭한 부처와 조사의 행위와 깨침을 얻은 사람들의 안심이라 할 수 있는 깨침의 경지를 표현한 공안이 그것이다. 이러한 것들을 견문하여 확실하게 자기의 요구를 만족시킬 수 있는 방법이 여기에 있음을 믿고 그것을 획득하기 위해서는 어떤 노력도 마다하지 않을 결심이 있어야 비로소 실제로 선을 향한다고 할 수 있다. 역사적으로 보아도 저절로 일어난 자기의 종교적 의문을 스스로 정리하고 홀로 스스로 수행하여 독창적으로 깨침을 얻은 예는 아주 드물다. 대부분은 부처와 조사의 공안을 실행해 보고 시사를 받아 그 의문을 정리하고 방향을 결정하여 노력한 사람들이다.

이미 설한 바와 같이 우주의 일체가 그만큼 완전하게 깨침의 경지를 표현하고 있다면 왜 종교적 의문을 지니고 있는 사람들에게 그것들이 직접적으로 그 진리를 보여 주고 있는 경우가 많지 않은가? 그 이유를 말하자면 선은 아직 깨치지 못한 사람들에 대해서는 우주도 자연도 고칙도 공안도 반드시 한 번쯤은 마치 은산철벽銀山鐵壁처럼 전혀 단서를 잡을 수 없는 존재라는 것을 경험하게끔 한다는 것에 있다. 그러나 마찬가지로 전혀 단서를 잡을 수 없는 존재라 하더라도 고칙공안은 이미 그것을 보여 주는 사람과 고칙공안을 참구하는 사람을 매개로 하고 있다. 그래서 수행하는 당사자의 체험을 표현함에 있어서 보다 엄밀한 의미에서 말하자면 깨침은 더 이상 전달 대상의 진리는 아니다. 그렇다고 해서 아직 깨치지 못한 사람에게는 깨침이 자기 가까이에 전달되지 않았다는 것은 아니다. 오히려 언제든지 어디에서든지 없는 때가 없고 없는 곳이 없을지라도 그것이 언제 전달될지 모른다는 의식을 지니게 한다. 내 주변의 전체가 깨침이고 깨침의 매개체이기 때문이다.

우주 일체의 사물, 곧 천연의 공안은 진리 그 자체이고, 깨침의 경지 그 자체이다. 깨치고 깨치지 못하고 하는 것에는 하등 경계의 차이가 없다. 공안이라는 것만으로도 완전하고 위대한 것이다. 어떤 흠도 없이 완전한 것을 의미하는 천의무봉天衣無縫으로서 어떤 부족함도 없다. 천연의 공안이 이와 같이 무언이고 절대임에 비하여 고칙공안은 소리와 자취로 나타내어 참선 납자를 유도하고 그 요구를 자극하여 그 성공의 가능성을 믿게끔 한다. 이러한 차이가 바로 근본적인 이론으로서 실제상 공안선 수행에 크게 도움이 된다.

공안의 성립

공안의 성립을 역사적으로 말하자면 석존의 깨침을 그 발단으로 하지 않으면 안 된다.[7] 석존은 깨침을 터득하고 나서 생사는 다하였다, 범행梵行은 성취되었다, 이루어야 할 것은 모두 이루었다, 이 생 이외에 다른 생은 없다고 말하였다. 이것은 석존의 대오의 경지야말로 불교의 본원本源이며 선의 기원起源임을 설파한 것이다. 지극히 간결하게 표현된 석존의 말을 보면 그 대오의 경지를 지식분별로써 용이하게 이해할 수 있다고 생각하는 것은 착각이다. 시작이 없는 아득한 태초부터 완전하게 성취되어 있다는 구원실성久遠實性의 생명관도, 모든 중생에게 부처와 동일한 성품이 구비되어 있다는 실유불성悉有佛性의 가르침도 모두 이 대오의 경지인 자신의 마음속의 깨침, 곧 자내증自內證의 소산과 차이는 없지만 그 어느 것도 자내증 그 자체는 아니다.

깨침의 경지는 이와 같은 이론과 사상을 포함하고 있으면서도 그 속에 갇혀 있지 않고 훤칠하게 벗어나 있다. 지식분별로는 다다를 수 없는 것으로 언어로 표현할 수가 없는 언어도단이고 마음으로도 어찌해 볼 수 없는 심행처멸의 경지이다. 그 때문에 만약 선자가 이 말을 가지고 생은 다하였다고 하는데 어떻게 다하였을까, 혹은 이 생 이외에 다른 생은 없다는 것은 무엇인가 등을 보여 준다면 그것도 곧 훌륭한 공안이 된다. 하물며 이러한 일체중생은 여래의 지혜와 덕상을 구비하고 있다든가, 부처가 깨침을 터득하여 법계를 두루 관찰한다면 초목과 국토도 모두 부처로 보인다는 표현 등은 선에 들어가는 첫째가는 좋은 관문이라 할 수 있다. 석존의 순전한 가르침에는 특별히 선으로 취급되고 있는 것은 없지만 그 근본이 이미 선적인 성질을 띠고 있기 때문에 붓다의 49년에 걸친 일대교설을 검토해 보면 선적인 요소를 포함하고 있지 않는 것은 아무 것도 없다고 보는 것이 좋을 것이다.

영산회상에서 대중에게 꽃을 들어 보이자 가섭이 미소를 지었다는 염화미소의 이야기 등을 들어서 억지로 선적인 요소를 석존에게 부가하려 노력한 것은 후대에 발전한 선의 특징적인 측면이 직접 석존에게 내재하고 있다는 것을 인정하려는 것으로서 역사적으로 보면 무리한 점이 있다. 이러한 것은 굳이 언급하지 않아도 석존의 가르침에는 상술한 바와 같이 근본적으로 훌륭한 공안으로 간주할 수 있는 것이 많이 나타나 있다.

이와 같이 선과 교가 아직 나누어져 있지 않은 석존의 순전한 가르침도 시대가 흘러감에 따라 대승과 소승·방편과 진실·돈오와 점수 등으로 나누어져 좋은 의미에서의 발전은 있었지만 근본으로부터 벗어나서 석존의 교지를 왜곡한 점도 적지 않다. 그러나 다행히도 그 정맥은 석존으로부터 가섭으로, 그리고 가섭으로부터 28대를 내려와 보리달마에 전해졌다. 달마는 인도에 있어서도 개념과 형식에 갇혀 있는 여섯 종파를 타파하고 불교의 본래 정신으로 회복시키려는 것을 도모하였다.

바로 그 달마가 중국에 건너와서는 더욱 그 진면목을 발휘하여 석존의 교지를 드러내어 당시 널리 행해지고 있던 설명이나 번쇄한 해석을 버리고 가장 간명하고 직절한 방법을 택하였다. 곧 그것이 진정한 좌선의 시작이다.

오로지 좌선이라는 하나의 실제적 수행에 의해서 석존의 대오의 경지를 맛보게 하려 하였다. 예로부터 선문에서는 교외별전教外別傳·불립문자不立文字·직지인심直指人心·견성성불見性成佛이라는 언구로써 달마의 종지를 나타냈는데, 이것은 선의 종지를 표현한 가장 적절한 말이라 할 수 있다. 견성성불이라는 이 말이야말로 선의 본령을 설파하기에 충분하였다. 달마의 종지는 온전히 심성의 절대성을 깨치게 하여 그로부터 해탈안심을 얻게끔 하는 것이다. 여기에서 비로소 선이 불교 속에서 그 독자성을 가지고 출현하였으며, 그래서 달마를 가리켜 선종의 초조라 하는 것이다.

선종의 제2조 혜가가 "제 마음이 불안하오니 안심시켜 주십시오"라고 했을 때, 달마는 "그 불안한 마음을 가져오면 안심시켜 주겠다"라고 하였다. 이에 혜가는 오랜 수행 끝에 불안한 마음이라는 것은 본래부터 없다는 것을 자각하고는 달마에게 고하였다. 이에 달마는 혜가에게 이미 깨침을 얻었다고 증명해 주었다. 이와 같은 제도 방법이 달마의 독자적인 방법이면서 소위 선적인 특징이다. 일반적으로 교학의 입장은 여러 가지의 언설을 동원하여 해설하고 들려주어 일정한 이법을 받아들이게끔 노력하는 데 반하여 선에서는 스스로 참구하고 발명할 수 있도록 그 문제를 명료하게 제시하고 있다.

이러한 종풍은 누대에 걸쳐 많은 발전을 보였지만 특히 달마로부터 제6대에 해당하는 혜능에 이르러서 더욱 활발한 발전을 이루어 공전절후의 기용을 보였다. 혜능은 형식상 본래부터 문자를 몰랐다고 하지만, 선종 제5조의 문하에 있으면서 "본래부터 집착할 것조차 없는데 어느 곳에 번뇌가 있다고 하겠는가?" 하는 어구를 말할 만큼 최상승 근기의 소유자였다.

도반이었던 명상좌明上座가 혜능에게서 깨침을 구하자 "선도 생각하지 말라. 악도 생각하지 말라. 바로 이러한 때에 어떤 것이 분별심이 형성되기 이전의 그대의 본래면목인가?"라는 말을 제시하였다. 아주 드물게 보는 좋은 제시였다. 이에 명상좌는 그것으로 인하여 깨침을 얻었다. 또한 혜능의 제자인 남악 회양이 처음 참방했을 때 "어디에서 왔는가?" 하고 묻자, 남악은 "숭악에서 왔습니다"라고 답하였다. 이에 "무엇이 이렇게 왔는가?"라고 묻자, 남악은 그 말에 대하여 8년 동안을 참구하고 나서야 비로소 "설사 무엇이라 해도 맞지 않습니다"라고 철저하게 깨쳤을 때 혜능은 그것을 인가하였다. 육조 아래에는 남악·청원·하택 등이 등장하고, 남악 아래에서는 마조 도일이 나왔다. 마조 도일은 천연적인 선자로서 공안도 마조 시대에 들어와서 일단의 활기를 띠게 되었다. 이와 같은 분위기는 당 대 말기에 소위 임제종·위앙종·조동종·운문종·법안종의 소위 선종오가가 형성되면서 절정에 달하였다.

이후 송 대에 들어오면 더욱 번영을 구가하게 되는데, 이 선종오가도 점차 쇠미해져 송 대 중기 이후는 오직 임제종의 일파만이 크게 번영하였다. 임제종의 제7세인 석상 초원 아래에 양기와 황룡의 두 제자가 나와서 각각 양기파와 황룡파를 출현시켰는데, 후대에는 이 두 파를 앞의 선종오가와 합하여 오가칠종五家七宗이라 불렀다.

간화선의 수행

화두의 기능

세상의 많은 종교들 가운데 불교가 지니고 있는 특징 가운데 하나는 깨침의 수행을 중시한다는 점이다. 불교에도 모든 종교에 반드시 필요한 종교 의례 또는 기도가 없는 것은 아니다. 그러나 여타의 종교에 비하여 자신의 마음을 직접 밝혀 절대자의 구제를 받기보다는 스스로의 깨침을 추구한다는 점에서 독특하다. 그 깨침을 추구하는 데 있어서도 많은 수행을 의용하고 있다. 그러나 이 가운데서도 좌선 수행은 깨침에 나아가는 방법으로 일찍부터 중시되어 다양하게 개발되어 왔다. 인도에서 전통적으로 진행되었던 관법을 비롯하여 중국에 건너와서 발전된 지관 수행, 그리고 송 대에 확립된 간화선과 묵조선의 창출 등이 그것이다. 이 가운데서 간화선은 선종의 수행 방식에서 지대한 영향을 끼쳤다.

그 발생은 온전히 중국적인 사유의 구조 속에서 등장하였다 해도 과언이 아니다. 곧 인도에서의 선정 수행은 제법의 생멸과 연기의 구조를 통한 직관에서 단계적으로 번뇌를 멸하고 지혜를 개발하는 방식을 취해 왔다. 그래서 선정의 삼매에 있어서도 마음속에서 나타나는 변화에 따른 단계를 설정하여 많은 선의 교리에 대한 천착이 있었다. 이와는 달리 중국에서 전개된 선종의 경우에는 깨침에 단계성이 있음을 인정하면서도 그보다는 마음을 밝혀 곧장 깨침의 세계에 들어간다는 돈오의 입장을 강조한 것이 사실이다. 따라서 깨침의 구조를 논하기보다는 우선 깨침의 성격에 관심을 기울였던 것이 사실이다.

여기에서 깨침의 성격이란 깨침 자체가 무엇이냐에 대한 구명이 아니다. 오히려 수행을 통한 결과로서 도달된 상태에서 그것을 어떻게 규정짓느냐에 대한 것이었다. 왜냐하면 깨침의 경지란 자기 마음의 경지로 간주하여 감히 이러쿵저러쿵 언급하는 것을 회피해 온 것이 사실이다. 이것은 마치 벙어리가 꿈을 꾸었으나 꿈속에서 본 것을 표현하지 못한 것과 같다. 그러나 꿈을 꾸었으면 언설로 표현이 가능해야 한다. 그래서 이 깨침에 대하여 비유나 상징을 통하여 어떤 측면으로든지 논증이 없어서는 안 된다.

그럼에도 불구하고 깨침 자체에 대한 논증을 회피해 온 것은 깨침 그 자체가 지니고 있는 언설불급이라는 특징 때문이기도 하지만, 그것을 논하는 것은 곧 그 경지에 이르러서야 비로소 가능하다는 것으로 미리부터 주눅이 들어 감히 언급조차도 회피하려는 일종의 현애상縣崖想 때문이기도 하다. 그러나 언제까지나 그렇게 묻어 두어서는 안 된다. 왜냐하면 여타의 종교에서는 절대적인 존재에 대한 논의를 부정하고 있지만 불교에서는 불신佛身 자체까지도 문제로 삼아 논하는 것이 그 특징이기 때문이다.

따라서 어떤 방식으로든지 깨침 자체에 대한 논증은 전개되어야 할 필요가 있다. 이러한 이유에서 중국의 선종에서는 그 깨침에 대하여 좌선을 통한 마음의 발견 또는 사물을 통찰하여 얻는 반야직관의 획득에 대한 돈점이라는 과정상의 문제에 치중하였다. 곧 증보다는 수에 중점을 두었다. 그 과정에서는 다시 그 깨침을 얻는 방법으로 무엇을 어떻게 해야 하는가가 곧 수행 방식의 다양한 전개를 초래하게 되었다.

그런 가운데서 간화선이 등장하였다. 간화선이 등장하게 된 필연적인 근거는 아무래도 올곧은 수행을 진행시키기 위한 모색에서 찾을 수 있을 것이다. 특히 초심자가 좌선에서 겪는 가장 어려운 점 가운데 하나는 망상으로 인한 산란심과 적적공무寂寂空無에 떨어지는 혼침을 쉽게 추스르지 못한다는 데 있다. 이것이 타성화되면 오랫동안 수행을 해 온 구참 납자라도 예외는 아니다. 바로 이와 같은 문제점을 제거하기 위하여 제시된 가장 효과적인 방식이 화두를 드는 것이다. 화두를 들고 있음으로 해서 화두에 전념하기 때문에 부산하게 일어나는 망상을 피우지 않게 되고 동시에 살아 있는 송장처럼 죽어 있는 듯 살아 있는 듯하는 혼침도 제거할 수가 있기 때문이다. 따라서 화두에 전념하여 화두일념의 상태가 되면 더 이상 산란심과 혼침은 발붙일 곳이 없어지고 만다. 이러한 문제를 해결하기 위해서 간화선에서는 화두를 든다.

그런데 바로 이와 같은 화두일념의 상태에 들기기 쉽지 않는다는 데에 문제가 있다. 많은 사람들의 경우 생각대로 쉽게 화두가 들리지 않는 데에는 그만한 이유가 있다. 첫째는 좌선이 습관적으로 몸에 배지 않은 탓이고, 둘째는 경험이 부족한 까닭이며, 셋째는 마음을 간절하게 화두에 매어 두지 않기 때문이고, 넷째는 화두에 대한 절대적인 확신의 부족이다.

첫째와 둘째는 자꾸자꾸 반복을 통해서 어느 정도 극복할 수가 있다. 그리고 넷째는 발심의 문제에 관련되어 있어 일단 구도심을 낸 사람이라면 그 지속성이 문제가 된다. 그러나 셋째의 화두에 대한 간절한 마음은 당사자가 의도적으로 정신을 집중하는 수련이 뒤따르지 않으면 안 된다. 이것은 근기의 문제가 아니다.

여기에서 산란심과 혼침이라고 둘로 나누어 이야기하고 있지만 정작 이 둘은 그대로가 자신의 본지풍광이고 본래면목이라는 것을 알아차려야 한다. 왜냐하면 본래 산란심과 혼침은 둘이 아니기 때문이다. 자신이 산란심과 혼침을 굳이 없애려 하지 않아도 그 자체가 본래 허망한 것인 줄 알고 나면 더 이상 떠오르지 않는다. 산란심과 혼침이 생기는 것은 마음이 간절하지 않기 때문이다.

이처럼 화두를 드는 마음이 진실하지 못하고 간절하지 못하면 자연히 쓸데없이 바라지도 않은 마음이 파고들어 걷잡을 수가 없어지기도 하고, 혹은 혼미하여 비몽사몽 헤매다가 끝나고 만다. 한 생각은 또 다른 생각을 일으켜 끝없이 망상분별과 혼몽에 빠져 스스로 허깨비를 보고 자신이 어떤 경지에 오른 것처럼 착각에 휩쓸리고 만다. 이러한 상태가 하루 이틀 지나다 보면 거꾸로 그것이 진실한 것인 줄 알아 점점 고치기가 어렵게 되고 만다. 처음부터 확실하게 해결하고 넘어가야 한다. 다음과 같은 이야기가 있다.

옛날 어떤 수좌는 좌선을 하면 늘 커다란 거미가 나타나서 자신을 물고 뜯으면서 좌선을 방해하였다. 그리하여 도저히 좌선 수행을 제대로 할 수가 없게 되자 스승에게 참문하였다. 그래서 좌선에서 또 거미가 나타나자 미리 준비해 둔 붓에 먹을 묻혀 그 거미의 둥그런 배 한가운데 큼지막하게 동그라미를 그려 표식을 해 두었다. 그리고 좌선에서 깨어나 보니 자신의 불룩한 배 한가운데 그 동그라미가 그려져 있는 것을 보고 깨칠 수가 있었다.

이와 같이 화두를 드는 마음이 간절하지 못하면 그 틈을 타고 혼침과 산란심이 일어나는 것이다. 만약 처음부터 마음이 간절하여 그것이 지속되면 혼침이나 산란심은 자취도 찾아볼 수가 없다. 그래서 고인은 좌선을 하는 마음이 진실하고 간절하지 못한 것은 탓하지 않고 산란심과 혼침이 좌선에 방해가 된다고 불평하는 사람들을 꾸짖었다. 곧 깜깜한 방에 들어가 사물이 보이지 않자 어두운 방에 들어 온 것을 탓할 줄 모르고 멀쩡한 자신의 눈을 탓한다는 것이다. 또한 고인은 진실하고 간절하게 화두를 드는 사람이 산란심과 혼침을 느낀다면 그것은 말도 안 되는 이치라고 말하였다. 그렇다고 산란심과 혼침을 애써 물리치려고 하는 것도 잘못이다. 설사 억지로 그것을 물리쳐 눈앞이 깨끗해졌다 하더라도 그것은 머리 위에다 다시 머리를 얹어 놓은 듯이 잘못 가운데 다시 잘못을 저지르는 일이라 하였다.

화두를 드는 좌선에 있어서는 무엇보다도 자신의 진실한 마음자리를 파악할 줄 알아야 한다. 진실한 마음자리를 깨치고 보면 보리와 번뇌가 둘이 아니고, 중생과 부처가 다르지 않다는 도리를 터득한다. 산란은 산란한 마음 그대로, 혼침은 혼침의 마음 그대로 볼 줄을 알아야 한다. 그대로 볼 줄 알면 혼침이 더 이상 혼침이 아니고, 산란심이 더 이상 산란심이 아니다. 오직 화두에 매달리는 간절한 마음이 부족하여 생기는 것임을 터득하게 된다.

그런데 화두를 드는 간절한 마음의 지속은 어디에서 생기는가? 그것은 아무래도 무언가 부족함을 느끼는 마음에서 가장 간절할 수가 있다. 자신이 갖지 못하고 느끼지 못한 것을 늘 마음에 담아 두고 기회가 오기를 기다리는 마음이 그것이다. 이런 의미에서 초심자의 마음은 무엇보다도 순수하다. 처음 무엇을 시작하는 사람의 마음속에는 무한한 가능성이 내포되어 있다. 그것은 자신이 도달하지 못한 것에 대한 끊임없는 갈망과 희구에서 비롯된다. 좌선하는 마음도 마찬가지이다.

옛날 어떤 사람은 속가에 있으면서 도를 구하는 마음이 간절하여 7권 『법화경』을 외우기 시작하였다. 4권까지 줄줄 외우고 나자 무엇인가 자신감이 붙어 출가를 결심하게 되었다. 속가에 있으면서도 4권을 외웠는데, 출가를 하고 나면 나머지는 쉽게 외울 수 있을 것이라 생각하였다. 정작 출가를 하고 나니 모든 여건이 구비되어 있어 간절한 마음이 사라져 버렸다. 그리하여 20년이 지나도록 나머지 3권을 외우지 못하였다. 게다가 이전에 외웠던 4권마저도 몽땅 잊어버리고 말았다.

늘 있을 법한 이야기이다. 자신이 가지지 못한 부족함을 느끼는 것만큼 간절한 경우는 드물다. 무언가를 기대하는 사람은 마음속으로 뭔가 부족하다고 여기게 마련이다. 반대로 목적을 달성한 사람은 마음이 편안하다. 그러나 구도심을 내는 사람이라면 그 목적 달성에 안주해서는 안 된다. 마음속으로 늘 무언가 부족하다는 생각을 지니고 있어야 한다. 부족하다고 느끼는 마음에서 구도심을 끝없이 지속될 수 있기 때문이다. 마음이란 제아무리 편안하고 목적을 달성했다 하여도 인연 따라서 청정해지기도 하고 더러워지기도 한다. 한 순간에 온갖 것을 갖추기도 하고 잃어버리기도 한다. 그래서 마음의 이러한 도리를 깨치지 못하면 한 순간의 목적 달성이란 공염불이 되고 만다. 정작 자신이 그 조건을 구비하고 나면 이제는 게으름에 빠지고 만다. 더욱이 안하무인의 마음이 생긴다.

그래서 부처님께서는 검소와 겸양의 덕을 설하셨다. 속가에 몸담고 있다고 해서 출가 생활을 부러워할 필요는 없다. 속가의 여건에서 오히려 자신의 부족한 점을 충족하기 위한 발판으로 삼아 더욱 정진하려는 마음으로 되돌린다면 어찌 도솔천인들 부럽겠는가? 우리가 살고 있는 사바세계는 극락과 지옥과 달리 즐거움과 괴로움이 함께 하는 곳이다. 즐거움은 이만큼 즐거울 수 있다는 기대와 희망으로 필요하고, 괴로움은 괴로움을 벗어나려는 간절함으로 필요하다. 여기에서 정진하여 도를 구하려는 욕구가 생긴다.

화두 참구의 원칙

선 수행에서 등장하는 숱한 일화 또는 의도적으로 스승이 제자를 이끌어 주기 위해서 내세운 정형적인 가르침에 화두라는 의문 방식이 있다. 따라서 제자가 스승으로부터 받은 화두는 단순히 의문의 대상만은 아니다. 의문의 대상임과 동시에 믿음의 대상이다. 따라서 예로부터 간화선 수행에 있어서는 대신근大信根·대의문大疑問·대분지大憤志의 세 가지가 필수적인 요소로 언급되었다.[8]

대신근은 화두 자체를 믿음과 함께 화두를 제시해 준 스승의 가르침을 믿는 것이다. 자신이 화두 수행을 통해서 반드시 깨침에 이른다는 사실과 화두 수행을 이루어 낼 수 있다는 자기를 통째로 믿는 것이다. 이것은 불교의 인과법만큼이나 명확한 명제이기도 하다.

대의문은 대신근의 바탕 위에서 화두 자체에 대한 의문을 지니는 것이다. 자신이 해결해야 할 지상의 과업으로서 화두를 들어 그것을 투과할 때까지 내 머리를 내어줄 것인가 화두의 의문을 해결할 것인가 하는 치열한 행위이다. 여기에서의 의문은 단순한 의문이 아니다. 자신의 본질적인 문제에 대한 의문으로서 그 누가 대신 해답을 제시해 줄 수 있는 것이 아니다. 자신의 철저한 체험을 통하여 스스로 냉난자지冷暖自知하는 수밖에 없다. 크게 의심하면 크게 깨친다는 말이 헛된 말이 아니다.

그래서 의문이 더 이상 의문에 머물러 있지 않고 확신을 자각하게 되는 순간까지 잠시도 방심하지 않고 오매불망 화두에 매달리는 것이다. 나아가서 화두가 자신에게 매달리는 경험을 하고, 궁극적으로는 자신과 화두가 하나가 되는 경험이 화두일념이다. 화두일념을 통하여 더 이상 자신과 화두라는 분별과 그에 대한 의문이 사라지는 순간까지 지속적으로 밀고 간다. 여기에서는 화두 이외에 부처도 조사도 용납되지 않는다. 오로지 화두만 있을 뿐이다. 그 속에서 화두를 들고 있는 자신은 항상 성성력력惺惺歷歷하게, 그리고 공적영지空寂靈知하게 깨어 있는 것이 중요하다.

대분지는 위의 화두를 줄기차게 진행시켜 나아가는 정진이다. 단순하게 의문만 가지고는 오래 계속하지 못한다. 그 의문을 해결하기 위한 맹세 또는 오기가 필요하다. 이 세상에 한번 태어나지 않은 셈치고 화두를 들다가 죽을지언정 화두에서 물러나지 않으려는 고심참담한 노력이다.

이와 같은 화두선에서 가장 대표적으로 등장한 것이 곧 구자무불성화狗子無佛性話로서 흔히 무자화두無字話頭라 한다. 무자화두는 조주와 그 제자 사이에 있었던 일화에서 유래된 것이다. 개한테 불성이 있느냐고 하는 제자의 질문에 조주는 "무"라고 말했다는 것이다. 바로 이것이 후에 무자화두로 전개되었다. '무'라는 답변이 아닌 그 글자에 대한 의문 방식이 무자화두이다.

그러나 화두를 드는 데 있어서 반드시 유념해야 할 것이 있다. 그것은 공안에 대한 의문 방식이 '왜'가 아닌 '무엇'이라는 것이다. 곧 '왜'의 방식은 화두에 대한 분별심만 키울 뿐이다. '왜'라고 묻는 것은 과학이고 수학일 뿐이다. 화두는 과학도 아니고 수학도 아니다. 논리를 초월한 소위 초월 논리이다.

따라서 반드시 '무자'라는 방식으로 접근해야 한다는 것이다. '왜'는 해답을 기다리는 질문이다. 이미 제기된 질문(화두)에 대하여 대신근이 결여된 상태에서의 질문일 뿐이다. 그러나 '무엇'의 방식은 특별한 해답을 요하지 않는다. 이미 제기된 질문(화두)에 대한 대신근의 바탕 위에서 이루어지는 참구 방식이다. 그래서 무자화두에 대하여 '그것이 무엇인가'라는 참구 방식으로 접근하는 것이다. 화두에 대하여 '왜'라는 접근 방식은 분별망상일 뿐이다.

따라서 일찍이 대혜는 공안에 의해서 자기의 망상을 제거하는 것을 그 하나의 목표로 삼았다. 대혜는 가령 조주 선사의 무자공안을 강조함에 있어서도 무자삼매에 들어 내외가 타성일편되는 심경에 도달하여 그것으로써 모든 분별망상의 삿된 생각을 불식해 나아가도록 하였다.

대혜의 그 둘째 목표는 공안에 대하여 대의단을 불러일으켜 깨침에 도달하는 것이다. 그리하여 공안을 들지 않고 의심이 없이 묵묵히 앉아 좌선만 하게 되면 썩은 장작과 같이 아무런 생명도 없고 아무런 내용도 모르는 고목선枯木禪과 암증선暗證禪에 빠진다고 하였다.

그러나 의심에 의심을 더해 가면서 마냥 깨치는 날이 오기만을 기다리는 것은 금물이다. 깨침을 기다려서는 안 된다. 화두만 들고 있으면 언젠가는 저절로 깨치는 때가 오겠지 하는, 소위 대오지심待悟之心을 배격하는 것이다. 의심은 의심으로 충분한 가치를 지니고 있다. 아무리 깨침이 목표라 해도 그 목표는 의심의 끝에 획득되는 것이지 그 획득을 기다리는 마음으로 의심을 해서는 안 되는 것이다.

석가모니는 노사로부터 무명에 이르는 역관逆觀과 무명으로부터 노사에 이르는 순관順觀의 방법으로 12연기를 관찰하였다. 초저녁부터 계속된 연기의 관찰은 3회 반복되면서 새벽녘에 이르러 어느 순간 샛별과 눈이 마주쳤다. 그 순간 온갖 지금까지 관찰해 오던 연기법의 이치를 완전히 확신하고는 마침내 깨침을 얻은 것이다. 곧 샛별을 보다가 깨친 것이 아니라 샛별을 보는 순간 깨친 것이다. 만약 샛별을 보다가 깨친 것이라면 그것은 연기법의 관찰이 아니라 하늘의 별을 관찰한 꼴이 되고 만다.

하나의 화두에 전념하면 그것이 내면에 깊숙하게 의문덩어리로 자리잡게 된다. 여기에서 그 의문을 지속적으로 진행시켜 나아가다 마침내 그것을 타파할 수 있는 하나의 계기가 생긴다. 그것을 화두 타파의 기연이라 한다. 그 기연을 통하여 마침내 빙소와해氷消瓦解처럼 말끔하게 의문이 해소되는 과정이 화두의 타파이다.

공안의 모습은 개개인에 따라서 천태만상이다. 이리하여 공안은 어느 것이나 그때그때의 깨침의 경지를 나타내어 참학자를 깨치게 하는 것이지만, 완전하게 깨침을 표현하여 깨친 자와 깨치지 못한 자의 경계를 분명히 한 공안은 후대에까지도 도를 구하는 자나 의심을 품는 자에 있어서는 권위 있는 가치가 되기도 하였다. 그 결과 상황에 따라 후대의 참학자들은 자기의 의문에 해당하는 공안을 만나면 그 공안을 의심하고 그 공안을 해결함으로써 자기의 의문을 해결하려고 열심히 노력을 기울이게 되었다.

그 경우 선인의 공안은 바로 참학자의 공안이 된다. 또한 살아 있는 안목을 갖춘 스승은 참학자가 의문으로 삼는 것을 알고, 혹 얼이 빠져 있는 것을 알아 그 의문의 해결에 도움을 준다든가, 얼이 빠져 있는 것을 반성시키게 하는 데 있어 적당하게 선인의 공안을 제시하여 보여 주는 경우도 생겨났다. 이러한 경우 그 공안은 결코 다른 사람으로부터 빌려 온 것이 아니라 완전히 그 스승 자신의 것임을 보여 준다. 이리하여 참학자가 스스로 선택하거나 스승으로부터 제시받아 자기의 본래면목에 대하여 참구하는 공안을 본참화두本參話頭라고 한다.

화두 참구의 방식

선은 학문만이 아니다. 실지로 수행을 토대로 하는 철저한 자력 수행의 종교이다. 수행을 떠나서 선은 없다. 그런데 이 선 수행을 하는 데에는 절대 불가결한 조건, 곧 근본적인 조건이 하나 있다. 그것은 바로 유명한 혜가단비慧可斷臂의 고사에서 볼 수 있는 것처럼 맹렬불퇴猛烈不退·불석신명不惜身命의 구도심이다.

보리달마는 스승인 반야다라 존자의 유언을 받들어 부처님의 마음, 곧 불심인佛心印에 해당하는 대승 선법의 생생한 진수를 중국에 전하기 위하여 노구를 이끌고 바다를 건너 중국에 도착하였다. 이때가 6세기 초반이었다. 그러나 중국에서 막상 마주친 상황은 너무나 달랐다. 아직은 시절 인연이 도래하지 않았음을 알고 양자강을 건너 위나라 숭산 소림사에 들어갔다. 그리고 거기에서 사람들이 흔히 말하는 면벽구년面壁九年이라 불렸던 좌선삼매의 생활을 시작하였다. 그러나 홀로 좌선삼매에 들어 있는 행위는 결코 단순히 소승에서 말하는 나한의 경계라고 치부할 것이 아니다. 달마가 중국에 도래한 목적은 자신이 받은 불심인佛心印을 중국에서 누군가 전해 받을 만한 사람이 나타나기를 마음속으로 조용히 기다리는 행위였다.

한편 인생을 어떻게 살아야 할 것인가 하는 대문제에 당면하여 그 해결을 유교와 노장의 가르침에서 추구하였으나 여의치 못하여 출가까지 했지만 아직도 번민하고 있던 신광神光이라는 40대에 접어든 사람이 있었다. 그때 신광에게 숭산의 소림사에 벽관바라문壁觀婆羅門이라 불리는 인도의 승려 보리달마라는 사람이 있다는 소문이 들렸다. 신광은 그 사람이야말로 내 번민을 해결하고 인생을 사는 방법에 대하여 명쾌한 지침을 줄 수 있는 사람이 아닌가 하는 기대를 갖고 곧바로 숭산의 소림사를 방문했다.

그러나 달마는 벽을 향해 묵묵히 좌선만 하고 있을 뿐 돌아보지도 않았기 때문에 신광은 자기의 뜻을 알리지도 못했다. 신광은 그대로 돌아갈 수밖에 없었다. 이후 몇 차례나 방문했지만 언제나 마찬가지였다. 그러나 번뇌가 더욱 치성해지자, 마침내 음력 12월 추운 어느 날 '오늘이야말로 결단코 달마를 친견해야지. 그리고 내 인생의 대의문을 해결할 때까지 절대로 물러나지 말아야지' 하는 굳은 결심을 하고 다시 소림사를 방문했다. 그러나 달마는 변함없이 반석과 같이 올올하게 좌선만 하고 있었다.

그러나 신광도 묵연히 동굴 밖에서 서서 미동도 하지 않았다. 그러는 가운데 눈이 내리고 쌓여 마침내 황혼이 되었다. 한기가 스며들어 뼈가 에이는 듯이 춥고, 사방은 어둠으로 적막하여 때때로 눈보라에 실려 오는 원숭이 울음소리와 나뭇가지 끝에서 쌓인 눈이 쏟아지는 소리만 들려왔다. 그래도 달마는 한 번도 되돌아보지 않고 묵묵히 좌선을 하였다. 신광도 무릎이 파묻히는 눈 속에서 꼿꼿하게 서서 긴 겨울밤을 보내고 마침내 아침을 맞이하였다.

그제서야 비로소 달마는 푸른 눈빛으로 신광을 바라보고 "그대는 오랫동안 눈 속에 서 있었다. 도대체 뭘 원하는가?"라고 입을 떼었다. 신광은 자못 기뻐하면서 자신의 절실한 의문과 번뇌를 솔직하게 말씀드렸다. '제가 원하는 것은 대사께서 자비의 감로문을 열어 널리 중생을 구제해 주십사 하는 것입니다.' 이 한 마디는 결코 틀리거나 거짓이 아니었다. 그러나 신광이 마치 남의 일처럼 널리 중생을 구제해 주기를 청하는 것은 아직 철저하게 자기화되어 있지 않은 증거이다. 달마는 바로 이 틈을 놓치지 않고 아직 신광의 근기가 성숙되어 있지 않음을 파악하였다. 달마는 그리 쉽사리 신광을 인정하지 않았다.

달마는 신광을 타이르고는 다시 등을 돌려 좌선에 들어갔다. 이것이 바로 법에서는 인정을 눈곱만치도 베풀지 않는다든가, 혹은 칼날 앞에서 사람 목숨을 구한다는 선 특유의 방식으로서 철저친절徹底親切한 모습이다. 이것이 진정한 대자비이다. 진지한 구도심이 없는 사람에게는 법을 설하고자 해도 백해무익한 일이다. 신광은 달마에게서 이와 같이 악랄하고 냉혹한 취급을 받고 나서야 비로소 자신의 얄팍한 자신의 구도심에 대하여 반성을 하였다.

신광은 그 옛날 설사동자의 이야기를 떠올리고는 진지한 구도심을 내어 마침내 자신을 팔을 잘라 새빨간 피가 새하얀 눈 위에 선명하게 아로새겨지는 것을 보면서 그것을 달마 앞에 내밀었다. 자신의 일편단심 구도심을 보임으로써 달마의 제자가 되기를 원하였다. 달마는 밤새 쌓인 눈 속에 서 있었던 신광의 불퇴전의 태도와 불석신명不惜身命의 구도심에 드디어 마음이 움직였다. 그리하여 마침내 굳게 닫혀 있던 감로의 법문을 열고 그의 입문을 허락하였다.

신광은 후에 달마의 법을 이어 중국 선종의 제2조가 된 태조 혜가이다. 위의 인연을 흔히 혜가단비慧可斷臂라 한다. 이처럼 선 수행에서 반드시 필요한 자세가 절대 물러나지 않는 불퇴전의 결심이다. 현대와 같이 분주한 생활에서 살아가는 사람들에게는 쉬운 일이 아니다. 그러나 바로 이와 같은 사람들이야말로 진정으로 자신을 되돌아보는 여유가 필요하다. 그 여유는 당장 이 자리에서 깨침을 얻어야 한다든가 당장 부처가 되어야 한다든가 하는 조바심이 아니다.

깨침은 본래부터 자신에게 있었음을 자각하여 그대로 익혀 자기 것으로 만들어 나아가는 것이다. 어디서 빌려 오거나 한순간에 퍼뜩 다가오는 것이 아니다. 그래서 깨침을 기다리는 마음은 특별히 경계의 대상이 된다. 그대로 앉아서 화두를 든다든가 좌선을 하면 그것으로 훌륭하다. 화두를 통해서 좌선을 통해서 깨침이 얻어지기를 기다려서는 안 된다. 곧 대오지심을 가져서는 안 된다. 깨침을 법칙으로 삼되(以悟爲則) 그것을 기다리는 마음으로 하지 말라는 것이다. 깨침을 기다리는 마음은 대의단이 아니라 한낱 쓸데없는 분별심일 뿐이다.

그래서 고려시대 진각혜심은 간화 참구에 있어서 대오지심待悟之心을 갖지 말 것을 거듭 강조하고 있다. 대오지심은 모든 지혜의 근원을 이루고 있기 때문이다. 다시 말해서 깨침을 기다리는 마음을 갖는다는 사실 자체가 자신을 아직 깨치지 못한 중생으로 미혹에다 자승자박해버리는 것이다. 그것은 깨침을 얻기 위해서 갖가지 계교를 부리거나 사량분별하게 만드는 근원처이기 때문이다. 바로 이 대오지심의 부정은 철저하게 지혜를 타파하여 대오지심이 없이 자신이 곧 부처임을 확신하고 드는 간화, 즉 더 이상 깨침에 있어서까지도 얽매이지 않는 대의단의 행위이다. 이것은 곧 자신이 곧 부처라는 확고한 신심을 바탕으로 하여, 일체 지혜의 근원인 대오지심을 타파한 상태에서 오로지 화두에 전념하는 것이다.

주의해야 할 것은 그 지혜의 근저에 다름 아닌 대오지심이 도사리고 있다는 것을 알아차리는 것이다. 알아차리고 나면 더 이상 그에 대한 집착이 없어 깨침에 대한 번뇌가 사라진다. 일찍이 진각혜심은 "화두를 드는 한 방편문이 있다. 그것은 가장 빠른 길로서 지관止觀과 정혜定慧가 바로 그 가운데 있다"고 하였다. 이것은 무심하게 화두를 들라는 것이다. 간화선 수행의 기본 정신은 곧 무심이다. 무심의 상태가 깨치는 데 있어서 무엇보다 중요하지만 무심이라는 생각까지도 없어야 참다운 무심이라 하였다. 때문에 무심한 후에도 간화를 해야 한다. 또한 간화를 통하지 않고는 무심할 수도 없다.

간화선, 곧 공안선은 어떤 문제를 제시하여 그 문제에 대한 해답을 스스로 제시하는 방법으로서 무심합도無心合道를 드러내는 것이기 때문이다. 그래서 하나의 화두 이외에 어떤 화두가 다시 필요하지는 않다. 화두에서는 진리는 온 우주에 두루하므로 항상 우리 주변에서 이를 체득해야 함을 강조한다. 그래서 화두를 드는 것은 일상생활에서 항상 가능하다. 만일 일상생활에서 떠나 따로 나아가는 길이 있다면 찾으면 찾을수록 더욱 멀어지고 만다. 자신의 삶이 곧 통째로 하나의 화두이다. 그래서 자신을 깨치는 것은 곧 화두를 깨치는 것이고, 화두를 깨치는 것은 자신을 깨치는 것이다. 이것이 간화선 수행의 본래 모습이다.

주

1) 일반적인 명상이 마음의 안정을 중시한다면 선의 궁극적인 목
표는 깨침이다. 깨침에서 지혜가 도출된다. 올바른 지혜는 반
드시 자비를 수반한다. 그래서 깨침과 지혜와 자비는 다르지
않다. 그런데 깨침은 반드시 인가를 필요로 한다. 그 인가의
방식이 이심전심이고 이법인법이다.

2) 여기에서 수행과 깨침의 관계인 수증이라는 용어에 대하여 그
차이점을 분명히 해 둘 필요가 있다. 왜냐하면 수증관의 차이
는 수증이라는 양측의 이해로부터 그 차이점이 분명히 드러나
기 때문이다. 간화선에서 일반적으로 말하는 수修의 의미는
깨달음을 향해 나아가는 과정, 곧 화두 참구라는 의미가 강하
기 때문에 이것을 훈수薰修라 한다. 그러나 묵조선에서 말하는
수修의 의미는 이미 깨침이 완성되어 있다는 의미로 사용되고
있기 때문에 이것을 본수本修 또는 묘수妙修라 한다. 증證에
대해서도 마찬가지로 훈수薰修를 통한 증과 본수本修의 내용
으로서의 증으로 구분할 수 있다. 첫째는 깨침이 본래 갖추어
져 있다는 입장으로서 본래부터 갖추어져 있는 깨침이지만 아
직 훈수를 거치지 않은 깨침이라서 미완성의 증이다. 곧 가능
태로서의 깨침을 이치적으로 설정해 놓은 깨달음이란 의미에
서 인증因證이라 한다. 둘째는 깨침이 본래부터 현성되어 있다
는 입장으로서 첫째와 마찬가지로 깨침이 본래부터 갖추어져
있는 입장은 같지만, 그것이 목전에·지금·이렇게 현성되어 있
는 증이다. 곧 활용태로서의 깨달음이 이미 현성되어 있는 깨
침이라는 의미에서 본증本證 혹은 현증現證이라 한다.

3) 이것을 비유하자면 "색을 공하게 하는 까닭에 색이 공인 것이
아니라 색이 바로 공이요 공이 바로 색이다"(『마하반야바라밀경』
권4, 대정신수대장경 8, p.240 중)라고 말하는 것처럼 존재를 분석한
끝에 공에 이르는 것이 아니라 존재 자체가 곧 공이라는 것을
말해 주는 것과 마찬가지이다.

4) 묘수 또는 본수란 깨침의 상태에서 수행하는 것으로 깨침을
추구하는 행위가 아니라 이미 깨침의 상태에서 그것을 유지
하거나 활용한다는 의미이다.

5) 즉입卽入이란 상즉상입相卽相入으로서 사물의 상호 관계를 설정한 화엄경의 용어이다. 상즉은 마치 물과 파도처럼 물이 곧 파도이고 파도가 곧 물인 자체 동일의 관계를 말한다. 상입은 아버지와 아들의 관계처럼 아버지에 근거한 아들이고 아들에 근거한 아버지이지만, 아버지와 아들은 각각 별체의 관계를 말한다.

6) 오늘날까지도 화두 가운데 단연 으뜸으로 언급되고 있는 무자 화두는 당 대의 조주로부터 연원한다. '무'에 대한 화두가 아니라 '무자'에 대한 화두이다. 그래서 '무'의 연원은 당나라 시대에 조주 종심의 일화에 있지만 '무자' 화두로서의 연원은 송대의 오조 법연 시대부터였다. 어느 날 조주에게 한 제자가 물었다. "개한테도 불성이 있습니까?" 조주가 말했다. "무無."(『조주어록』)

7) 공안은 간화선의 경우에는 화두와 동일시되지만 묵조선의 경우에는 진리의 의미이다. 이와 같은 공안의 성립에 대하여 보다 정확하게 말하자면 공안과 화두의 관계를 논해야 한다. 공안은 간화선에서 말하는 화두라는 의미로 사용되는 경우가 있는가 하면, 묵조선에서 말하는 진리라는 의미로 사용되기도 하기 때문이다. 따라서 공안의 성립을 일반적으로 석존에게서 찾을 경우는 간화선에서 공안이 지니고 있는 화두로서의 기능을 말한다. 이것이 석존 당시에 공안이 발생했다는 것은 아니다. 다만 후대에 공안 화두로 활용된 사건이 석존의 일화에서 찾아 볼 수 있다는 것이다. 때문에 공안 화두의 직접적인 발단의 조건은 반드시 일정한 사건이 있어야 하고 그것이 당대나 후대에 선문답으로서 활용되어야 하기 때문이다. 그러므로 공안의 시작과 공안의 형성은 구분할 필요가 있다. 이런 의미에서 공안의 시작은 석존이라 말할지라도 그 형성은 간화선에서 말하는 화두의 경우 문제의식으로서의 기능을 수반한 것이 되지 않으면 안 된다.

8) 원나라 시대 고봉 원묘의 어록인 『선요禪要』에서 고봉 원묘는 화두를 드는 세 가지 원칙으로 대신근大信根·대의문大疑問·대분지大憤志를 언급하고, 그에 따른 비유를 들어 설명하였다.

화두와 좌선 선불교의 수행법

| 펴낸날 | 초판 1쇄 2008년 1월 20일 |
| | 초판 3쇄 2019년 6월 25일 |

지은이	김호귀
펴낸이	심만수
펴낸곳	(주)살림출판사
출판등록	1989년 11월 1일 제9-210호

주소	경기도 파주시 광인사길 30
전화	031-955-1350 팩스 031-624-1356
홈페이지	http://www.sallimbooks.com
이메일	book@sallimbooks.com

| ISBN | 978-89-522-0785-2 04080 |
| | 978-89-522-0096-9 04080(세트) |

384 삼위일체론

유해무(고려신학대학교 교수)

기독교에서 믿는 하나님은 어떤 존재일까? 성부 하나님과 성자 예수, 그리고 성령이 계시며, 이분들이 한 하나님임을 이야기하는 삼위일체론은 기독교 교회가 믿고 고백하는 핵심 교리다. 신구약 성경에 이 교리가 어떻게 나타나 있으며, 초기 기독교 교회의 예배와 의식에서 어떻게 구현되었고, 2천 년 동안의 교회 역사를 통해 어떤 도전과 변화를 겪으며 정식화되었는지를 일목요연하게 정리했다.

315 달마와 그 제자들

우봉규(소설가)

동아시아 불교의 특징은 선(禪)이다. 그리고 선 전통의 터를 닦은 이가 달마와 그에서 이어지는 여섯 조사들이다. 이 책은 달마, 혜가, 승찬, 도신, 홍인, 혜능으로 이어지는 선승들의 이야기를 통해 선불교의 기본사상을 이해하도록 돕는다.

041 한국교회의 역사

서정민(연세대 신학과 교수)

국내 전체인구의 25%를 점하고 있는 기독교. 하지만 우리는 한국 기독교의 역사에 대해서 너무나 무지하다. 이 책은 한국에 기독교가 처음 소개되던 당시의 수용과 갈등의 역사, 일제의 점령과 3 · 1운동 그리고 6 · 25 전쟁 등 굵직굵직한 한국사에서의 기독교의 역할과 저항, 한국 기독교가 분열되고 성장해 왔던 과정 등을 소개한다.

067 현대 신학 이야기

박만(부산장신대 신학과 교수)

이 책은 현대 신학의 대표적인 학자들과 최근의 신학계의 흐름을 해설한다. 20세기 전반기의 대표적인 신학자인 칼 바르트와 폴 틸리히, 디트리히 본회퍼, 그리고 현대 신학의 중요한 흐름인 해방신학과 과정신학 및 생태계 신학 등이 지닌 의미와 한계가 무엇인지를 친절하게 소개하고 있다.

099 아브라함의 종교 유대교|기독교|이슬람교 `eBook`

공일주(요르단대 현대언어과 교수)

이 책은 유대교, 이슬람교, 기독교가 아브라함이라는 동일한 뿌리에서 갈라져 나왔다는 점에 주목한다. 저자는 이를 추적함으로써 각각의 종교를 그리고 그 종교에서 나온 정치적, 역사적 흐름을 설명한다. 이스라엘과 팔레스타인으로 대변되는 다툼의 중심에는 신이 아브라함에게 그 땅을 주겠다는 약속이 있음을 명쾌하게 밝히고 있다.

221 종교개혁 이야기 `eBook`

이성덕(배재대 복지신학과 교수)

종교개혁은 단지 교회사적인 사건이 아닌, 유럽의 종교 · 사회 · 정치적 지형도를 바꾸어 놓은 사건이다. 이 책은 16세기 극렬한 투쟁 속에서 생겨난 개신교와 로마 카톨릭 간의 분열을 그 당시 치열한 삶을 살았던 개혁가들의 투쟁을 통해 보여 주고 있다. 마르틴 루터, 츠빙글리, 칼빈으로 이어지는 종파적 대립과 종교전쟁의 역사들이 한 편의 소설처럼 펼쳐진다.

263 기독교의 교파

남병두(침례신학대학교 교수)

하나의 교회가 역사적으로 어떻게 다양한 교파로 발전해왔는지를 한눈에 보여주는 책. 교회의 시작과 이단의 출현, 신앙 논쟁과 이를 둘러싼 갈등 등이 파노라마처럼 펼쳐진다. 사도행전에 나타난 교회의 시작과 이단의 출현에서부터 초기 교회의 분열, 로마가톨릭과 동방정교회의 분열, 16세기 종교개혁을 지나 18세기의 감리교와 성결운동까지 두루 살펴본다.

386 금강경

곽철환(동국대 인도철학과 졸업)

『금강경』은 대한불교조계종이 근본 경전으로 삼는 소의경전(所依經典)이다. 『금강경』의 핵심은 지혜의 완성이다. 즉 마음에 각인된 고착 관념이 허물어져 어디에도 집착하지 않는 상태를 말한다. 이 책은 구마라집의 『금강반야바라밀경』을 저본으로 삼아 해설했으며, 기존 번역의 문제점까지 일일이 지적해 독자들의 이해를 돕고자 했다.

013 인도신화의 계보   `eBook`

류경희(서울대 강사)

살아 있는 신화의 보고인 인도 신들의 계보와 특성, 신화 속에 담긴 사상과 가치관, 인도인의 세계관을 쉽게 설명한 책. 우주와 인간의 관계에 대한 일원적 이해, 우주와 인간 삶의 순환적 시간관, 사회와 우주의 유기적 질서체계를 유지하려는 경향과 생태주의적 삶의 태도 등이 소개된다.

309 인도 불교사 붓다에서 암베드카르까지   `eBook`

김미숙(동국대 강사)

가우타마 붓다와 그로부터 시작된 인도 불교의 역사를 흥미롭고도 일목요연하게 정리한 책. 붓다가 출가해서, 그를 따르는 무리들이 생겨나고, 붓다가 생애를 마친 후 그 말씀을 보존하기 위해 경전을 만드는 등의 이야기들이 한눈에 들어온다. 또한 최근 인도에서 다시 불고 있는 불교의 바람에 대해 소개한다.

281 예수가 상상한 그리스도

김호경(서울장신대학교 교수)

예수가 그리스도라는 것은 어떤 의미인가? 이 책은 신앙적 고백과 백과사전적 지식 사이에서 현재 예수 그리스도가 가진 의미를 묻고 있다. 저자는 이러한 문제의식을 바탕으로 예수가 보여준 질서와 가치가 우리와 얼마나 다른지, 그를 따르는 것이 왜 우리에게 익숙하지 않은 일인지를 보여주고 있다.

346 왜 그 음식은 먹지 않을까   `eBook`

정한진(창원전문대 식품조리과 교수)

세계에는 수많은 금기음식들이 있다. 유대인과 이슬람교도들은 돼지고기를 먹지 않고, 힌두교의 대부분은 소고기를 먹지 않는다. 개고기 식용에 관해서도 말들이 많다. 그들은 왜 그 음식들을 먹지 않는 것일까? 음식 금기 현상에 접근하는 다양한 방식을 통해 그 유래와 문화적 배경을 살펴보자.

eBook 표시가 되어있는 도서는 전자책으로 구매가 가능합니다.

011 위대한 어머니 여신 | 장영란 eBook

012 변신이야기 | 김선자

013 인도신화의 계보 | 류경희 eBook

014 축제인류학 | 류정아 eBook

029 성스러움과 폭력 | 류성민 eBook

030 성상 파괴주의와 성상 옹호주의 | 진형준 eBook

031 UFO학 | 성시정 eBook

040 M. 엘리아데 | 정진홍 eBook

041 한국교회의 역사 | 서정민 eBook

042 야웨와 바알 | 김남일 eBook

066 수도원의 역사 | 최형걸 eBook

067 현대 신학 이야기 | 박만 eBook

068 요가 | 류경희 eBook

099 아브라함의 종교 | 공일주 eBook

141 말리노프스키의 문화인류학 | 김용환

218 고대 근동의 신화와 종교 | 강성열 eBook

219 신비주의 | 금인숙 eBook

221 종교개혁 이야기 | 이성덕 eBook

257 불교의 선악론 | 안옥선

263 기독교의 교파 | 남병두

264 플로티노스 | 조규홍

265 아우구스티누스 | 박경숙

266 안셀무스 | 김영철

267 중국 종교의 역사 | 박종우

268 인도의 신화와 종교 | 정광흠

280 모건의 가족 인류학 | 김용환

281 예수가 상상한 그리스도 | 김호경

309 인도 불교사 | 김미숙 eBook

310 아힌사 | 이정호

311 인도의 경전들 | 이재숙 eBook

315 달마와 그 제자들 | 우봉규 eBook

316 화두와 좌선 | 김호귀 eBook

327 원효 | 김원명

346 왜 그 음식은 먹지 않을까 | 정한진

377 바울 | 김호경 eBook

383 페르시아의 종교 | 유흥태

384 삼위일체론 | 유해무 eBook

386 금강경 | 곽철환

452 경허와 그 제자들 | 우봉규 eBook

500 결혼 | 남정욱 eBook

(주)**살림출판사**

www.sallimbooks.com

주소 경기도 파주시 문발동 522-1 | 전화 031-955-1350 | 팩스 031-955-1355